人生七彩虹

《高效能人士的七个习惯》的中国实践

史振钧　古　灵　著

SPM
南方出版传媒
广东人民出版社
·广州·

图书在版编目（CIP）数据

人生七彩虹：《高效能人士的七个习惯》的中国实践 / 史振钧，古灵著. —广州：广东人民出版社，2019. 8
ISBN 978-7-218-13660-8

Ⅰ. ①人… Ⅱ. ①史… ②古… Ⅲ. ①成功心理—通俗读物 Ⅳ. ①B848. 4 -49

中国版本图书馆 CIP 数据核字（2019）第 126919 号

RENSHENG QICAIHONG:《GAOXIAONENG RENSHI DE QIGE XIGUAN》DE ZHONGGUO SHIJIAN
人生七彩虹：《高效能人士的七个习惯》的中国实践
史振钧　古　灵　著

出 版 人：肖风华

责任编辑：李沙沙
封面设计：彭　力
责任技编：周　杰　吴彦斌

出版发行：广东人民出版社
地　　址：广州市海珠区新港西路 204 号 2 号楼（邮政编码：510300）
电　　话：（020）85716809（总编室）
传　　真：（020）85716872
网　　址：http://www. gdpph. com
印　　刷：广东鹏腾宇文化创新有限公司
开　　本：880mm × 1230mm　1/32
印　　张：7. 625　　字　数：160 千
版　　次：2019 年 8 月第 1 版　2019 年 8 月第 1 次印刷
定　　价：48. 00 元

如发现印装质量问题，影响阅读，请与出版社（020 - 85716808）联系调换。
售书热线：（020）85716826

谨以此书献给那些正走在追梦路上的人们，

力量就在书里， 彩虹就在前方！

- 4 习惯改变人生
  - 不断更新

    - 雄鹰OR蜗牛
    - 差等生蜕变
    - 人生开挂
    - 登天梯
  - 落地开花

    - 三力实践
      - 思考力
      - 学习力
      - 坚韧力
    - 三习惯性
      - 习惯性赋能
      - 习惯性行动
      - 习惯性幸福
- 3 公众领域习惯
  - 双赢思维
    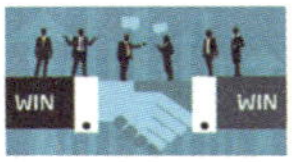

    - 家庭
      - 夫妻关系
      - 母女关系
    - 职场
      - 上司
      - 客户
  - 知彼解己

    - 找准问题
      - 幸福迟来
      - 熊孩子
    - 方法突破
      - 错误方法
      - 正确方法
  - 统合综效

    - 欢喜冤家
      - 哭VS笑
    - 三步法
      - 审视愿望
      - 反映观点
      - 创造新想法
    - 团队威力
      - 团队配合
      - 集思广益
      - 发挥优势

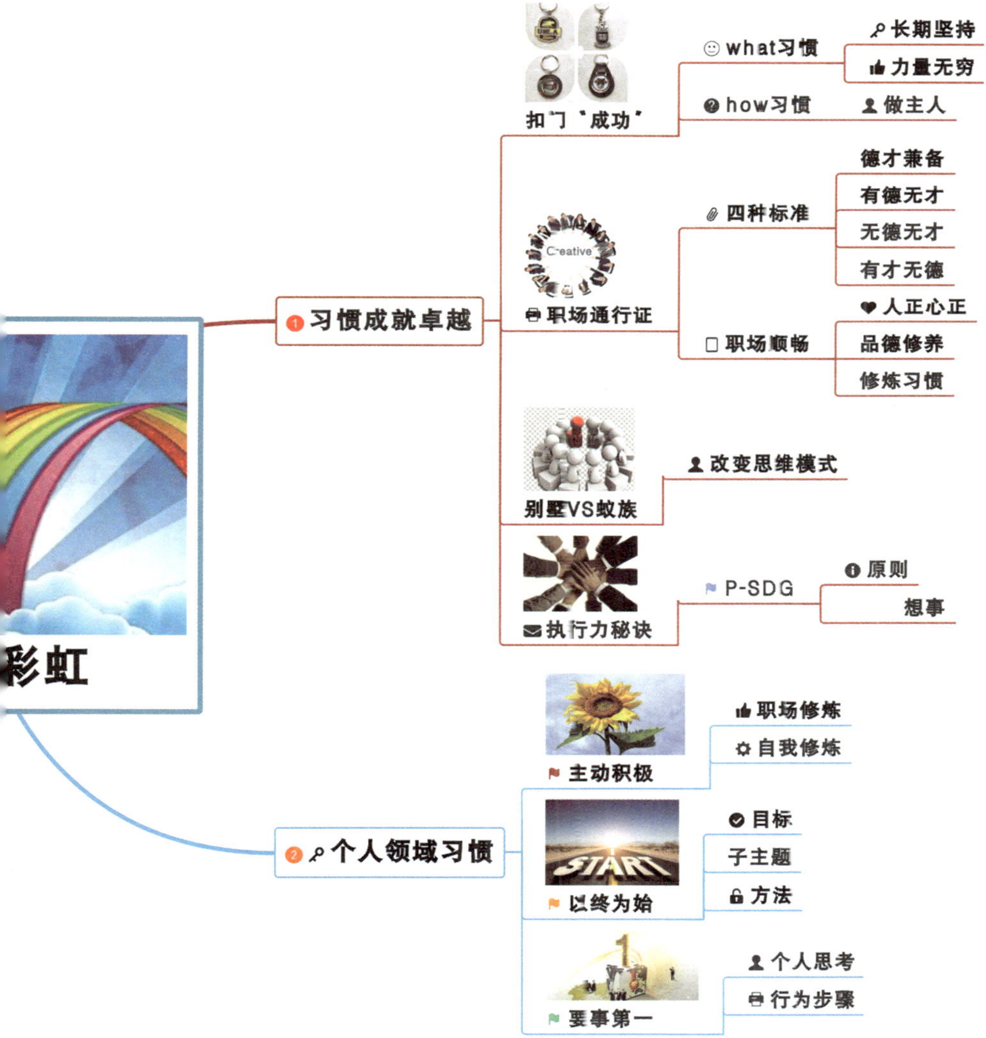
彩虹
习惯成就卓越
扣门"成功"
what习惯
长期坚持
力量无穷
how习惯
做主人
Creative
职场通行证
四种标准
德才兼备
有德无才
无德无才
有才无德
职场顺畅
人正心正
品德修养
修炼习惯
别墅VS蚁族
改变思维模式
START
执行力秘诀
P-SDG
原则
想事
个人领域习惯
主动积极
职场修炼
自我修炼
以终为始
目标
子主题
方法
要事第一
个人思考
行为步骤

序言：实践“七个习惯”，挑战个人效能新高度

我是《高效能人士的七个习惯》在中国同名课程的独家代理——睿仕管理顾问有限公司大中华区原总经理陆强。

由史蒂芬·柯维博士撰写的《高效能人士的七个习惯》这本书已出版三十年了，由睿仕管理在中国独家代理的同名课程也已开设十多年了。在当今世界范围内，如此长盛不衰的个人效能书籍及其配套课程是极为罕见的。但人们在叹服其理论之深邃、影响之深远、应用之广泛的同时，也深感学习研讨之要义在于付诸实践，而每每谈及于此总觉得缺乏足够的案例和生活事例加以参照。

史振钧先生的这本书在实践层面上很好地诠释了“七个习惯”，帮助读者去挑战个人效能的高度，从而为所服务的组织和所处的社会作出贡献。

作者以“七个习惯”为线索，结合大量的、不同人的工作和生活中的事例来对其加以解剖，勾勒出了一幅在中国社会背景下个人效能的群像图，以“想事—做事—成事”的理论架构来提问，力图理解践行“七个习惯”的原则和方法的精髓。全书的内容可谓生动、精彩、深刻。

当今社会飞速发展，科学技术日新月异，每个社会组织都

被要求以更少的资源创造更多的价值，随之而来的是每个人的能力受到前所未有的挑战。我们可以在现实生活中看到，学生乃至幼儿都面临着考试升学的压力，负担沉重；员工面临着日益提高的绩效目标的压力，精神紧张；退休老人面临着高通胀和低收入带来的经济压力，并且在高昂的医疗费开支下备受煎熬；城市中的居民受到房价暴涨后的压迫；农村的人们为了在城市中谋得一个有高工资、有保障的工作而四处奔波。

但是在社会生活的重重压力之下，我们也能看到巨大的发展机遇。学生有更多的机会选择不同的教育机构，公办、民办、中外合作办学，乃至选择出国留学；员工在市场经济的体制下有更多的机会发挥个人特质和潜能；老年人在社会日益进步的环境中得到越来越多的关注；城市居民在保障房机制下加快了住房条件的改善；农村的人们也在快速的城市化进程中受益。可以这么说，这是一个人才辈出的年代，也是造就社会精英的时代，“三百六十行，行行出状元”的社会发展规律并没有改变，反而有所加强。这些变化的关键在于如何实践。

如果说柯维博士的书给了我们一个原则，课程给了我们方法，那么本书无疑是给了我们经验——这将给所有的读者以实践的信心和力量。

希望读者读完此书能与我有同感，并从此书中获得力量去实践七个习惯成为高效能人士，从而造就个人成功，提高组织业绩，推动社会进步。

陆　强

2019 年 4 月 16 日

前言：写给亲爱的读者们——如何善用此书？

这是一个信息爆炸的时代，似乎出一本书已经十分容易，但能出一本对个人、企业和我们这个社会真正有意义的书则不是那么容易，而这正是本书要挑战的一个高度！

让每个人都成为精英而不要成为蚁族

这是一个制造白领、金领，制造精英富豪的时代，这也是一个房奴、蚁族、蜗居族产生的时代，而问题是你可曾认真地想过这个问题——现在你属于哪一族？你正在成为哪一族？你将成为哪一族？有没有一些可行的办法，能够帮助人们成为前面的一族，而不至于落入后面的一族？

答案是肯定的，目前已经有很多书——有些还是十分流行的畅销书——在研究这个问题。比如以史蒂芬·柯维博士的《高效能人士的七个习惯》为代表的理论体的书，比如以《杜拉拉升职记》为代表的小说体的书，又比如我们看惯了的以某一个具体个人的成功为案例的传记体的书，这些书都给了我们很大的人生启迪和心灵冲击。

能不能有一本这样的书——它能将这些起源于国外的理论

与我们国家目前的实际情况结合起来，不是以某一个人的独特经历为原本，而是尽量多地让大家看到不同维度的、不同场景下的那些真实的、活生生的、就在我们身边的、我们触手可及的、与我们成万上亿的寻常百姓的实际情况结合起来的案例，来告诉大家如何从现在的处境中走出来，成为一个白领、金领，成为精英富豪。

本书就是帮大家来解决这个问题的。本书所选取的案例，都是发生在我们周围的案例。例如，一个大学生、一个门外汉如何成功竞聘进入著名的大公司；如何在 5 年内拿到 30 万年薪；一个根本不会游泳的“旱鸭子”如何在 3 天内学会游泳；一个白领如何改变他粗心的毛病；一些敌对的人如何重归于好；很多关系业已破裂的父子、夫妻如何重修旧好；很多棘手的问题如何迎刃而解；一个弱小的团队如何战胜强大的敌人；一些对生活几乎绝望的人如何重新焕发出青春并成为高效能人士；一些学校的差等生如何走入亿万富翁的行列等。

在这些成功案例背后，主人公们也曾经历了痛苦与煎熬。他们也曾有过大学里的彷徨，有过找工作的烦恼，找到工作之后也曾面临令人头痛的办公室政治和如何更快晋升的问题；他们也曾面临无法升入中学乃至大学的残酷现实，也曾面临到社会去创业的困惑，进入社会之后也曾遇到面对纷繁复杂的人际关系、社会关系束手无策乃至闹出笑话的困境。

他们究竟是如何处理考大学、找工作、上班、办公室政治、提拔、落榜、创业、社会关系、与人打交道、财富的原始积累及创造等这些问题，从而走向成功的彼岸的呢？相信每个案例都能给你一个有意义的启迪！

但还不止于此，除了实实在在的就发生在我们身边的这些实际案例之外，作为“高效能人士的七个习惯”这门课程的认证讲师，我还借鉴了这门课程中的理论架构来给大家解剖这些案例。通过对这些案例进行“想事—做事—成事”的理论解剖，使得这些案例的成功密码得以破解，成为可以复制的东西，从而让我们能从案例中得到醍醐灌顶、茅塞顿开的收获！

这样一本书，这样一个安排，加上你的认真体悟，我相信你一定能有一个喜出望外的收获！

让公司兴旺，让社会安宁

在每个人的心灵深处，都沉睡着一个“天使”和一个“魔鬼”，它们完全是受我们自己控制的。如果公司或者社会，能唤醒人们心中的“天使”，让“魔鬼”永远沉睡，公司的发展与社会的和谐就指日可待了。

当心中的“天使”被唤醒，那么每个人就会感觉到主动积极的掌控力，做事就会感觉到操之在我的能量，从而获得美好和成功；相反，当思想和行为唤醒了自己那个沉睡在心中的“魔鬼”，那么每个人就会变得被动消极，做事就会怨天尤人，团体与社会的发展就会举步维艰。

同样，我们自己的思想和行为，也会影响和唤醒他人心中相应的“天使”或者“魔鬼”。如果每个人心中的“天使”被唤醒了，这个世界就会变得美好祥和；如果每个人心中的“魔鬼”被唤醒了，这个世界就会到处都是狂魔乱舞。

从我们个人开始，由此延伸下去就影响到我们所在的家庭、所在的公司、所在的社区、所在的民族和国家，进而决定了我们每个人的人生是否幸福、家庭是否美满、公司是否兴旺、社区是否平安、民族是否昌盛、国家是否和谐、世界是否和平！

“天下兴亡，匹夫有责”，本书所讲的这些唤醒自己心中“天使”的方法，小可修身，大可齐家、治国、平天下。相反，如果唤醒了自己心中的“魔鬼”，小则毁己，大则败家、误国、乱天下。

天使魔鬼图

这绝不是危言耸听。在中国传统文化中，儒家的“性本善”和法家的“性本恶”早已解释了这个问题，儒家的“修身、齐家、治国、平天下”也是在讲这个道理。西方心理学的很多学说也是在帮助人们进入自己的内心世界，唤醒自己心中的“天使”，从而自觉、自发地弃恶从善、主动积极。

史蒂芬·柯维的《高效能人士的七个习惯》，前三个习惯实际上就是写如何唤醒自己心中的“天使”，后三个习惯则是写如何在与他人相处的过程中唤醒他人心中沉睡的“天使”。

还有著名的 NLP（神经语言程式学），主要包括催眠、完形和萨提亚三大部分。其中的催眠和完形主要就是讲如何进入我们个人的内心世界，学会自我审视，从而唤醒我们自己心中的“天使”；而萨提亚则是在此基础上，告诉我们如何与自己最亲近的人——父母、孩子、爱人等，建立亲密的关系，乃至如何与工作中的上下级、同事、朋友等更好地相处，实际上讲的就是如何唤醒他人心中的“天使”的问题。

纯粹的中西方哲学、心理学的思想难免让人产生距离感。通过很多活生生的案例，我们将这些高深的思想拉近到我们每个普通人身边，来告诉我们如何去唤醒自己和他人心中的“天使”，而不要去触动那个给这个世界制造麻烦的“魔鬼”，从而让我们个人、公司和这个世界变得更美好。

更难能可贵的是，本书不仅提供了很多生动的案例，而且还提供了很有用的、很具体的方法和工具，比如个人部分中“闭眼一分钟”“自我审视四步法”和公众成功部分中的“天使卡”等。只要你充分利用，那么你的人生一定会因此而改变，你的人际关系也一定会发生改变！

学习本书的三个步骤

为了使大家更有收获，我将本书大致分为三个部分，与大家一起分享。

第一部分，“高效能人士的七个习惯”课程的一些基本内容。主要向没有接触过课程的读者介绍，也希望让已经接触过课程的读者能够回忆起其中的一些主要观点和方法。这部分以两种形式出现：一是前面的总概要，二是放在每个习惯之首的介绍。有总有分，便于大家了解课程的内容。

第二部分，本书的核心部分。主要是课程讲授过程中的一些所思所悟、感人故事和案例等。通过案例形式讲述高效能人士是如何应用这七个习惯的，而不遵循这七个习惯又会带来什么样的结果。相信每个案例都足以发人深省，能够带你走向“高效能”之路。

第三部分，想事—做事—成事。这部分主要通过提问的方式，让大家加深在原则、思维、行为层面的印象，从而获得更高效能的结果。

另外，我还在这些故事和案例的关键地方，标注出了其中所讲的习惯属于七个习惯中的哪一个，以便读者更好地理解和在实践中应用。值得说明的是，七个习惯是天然的、相互关联的、自成一体的，所以你会发现，每个成功的案例往往体现了多个习惯，但这并不妨碍我们以其所体现的主要方面把它编入某一个章节。

衷心感谢广东人民出版社，让我能够潜心将讲授七个习惯过程中的感动整理成册，呈现在这里与大家分享，并衷心希望凭借此书将这种“高效能”的能量传递给你，从而创造高效能的人生！

史振钧

2019 年 4 月 8 日

目录

I

习惯成就卓越

Habits Lead to Excellence

习惯的力量

生活中，每个人都扮演着不同的角色，有学生、老师、职员、官员、子女、长辈……我们都渴望将自己的角色诠释得淋漓尽致，在生命的每个阶段都获得成功，成就卓越。

虽然成功的规律不是轻易就能总结和提炼出来的，但是人们依然热衷于对成功规律的探索。《高效能人士的七个习惯》给很多人指明了成功的方向。

作为“高效能人士的七个习惯”这门课程的认证讲师，我借鉴了这门课程中的理论架构来给大家解剖案例，将七个习惯融会贯通，使大家看到习惯背后的道理，即培养和坚持习惯的过程，就是想事、做事、成事的过程。

培养主动积极、以终为始、要事第一的好习惯，是积累个人成功的基础习惯；培养双赢思维、知彼解己、统合综效的好习惯，则是建立公众成功的良好习惯；培养不断更新的好习惯，最终在不断更新的习惯中实现高效腾飞。

不论是个人成功、公众成功，还是实现高效腾飞，其核心理念都是用七个习惯的思维去想事，更用七个习惯的执行力去做事，最终用七个习惯的魄力去成事。

见证好习惯如何成就一个“高效能人士”的过程中，我也亲历了这门课带给自己的改变，享受这门课程带给我的做人做事的效能、身心的宁静和人生的平衡。

当一个人把实践和行动当作一种习惯时，那么他离成功就不算太远了。成功距离我们只有一步之遥时，我们需要做的只是告诫自己——相信习惯的力量，坚持一下，然后迈向成功！

好习惯，帮我叩开成功的大门

能力实质上是习惯经年累月的积淀。查·艾霍尔曾说："有什么样的思想，就有什么样的行为；有什么样的行为，就有什么样的习惯；有什么样的习惯，就有什么样的性格；有什么样的性格，就有什么样的命运。"习惯左右着生活，决定着命运，影响着一个人事业的成败。好的习惯能让一个人平步青云，坏的习惯也可能会让一个人一蹶不振。

我们不要做习惯的奴隶，而要做习惯的主人，在现实生活中不断破碎自己、修正自己、完善自己，才能塑造出一个全新的、走向成功的"新我"。然而从破碎旧我到走向新我是一个需要毅力的过程，完成这一蜕变不是一点点毅力就能做到的，而是需要极大的毅力，才能够迎来"天高任鸟飞"的高远境界，才能够活出"诗意地栖息在大地上"的精彩人生。可见观念改变，习惯就会改变；习惯改变，性格就会改变；性格改变，命运就会改变；命运改变，人生就会迎来成功。

习惯的力量是惊人的，35 岁以前养成的习惯决定着你是否会成功。一个人若想成功，就要及早培养有利于成功的好习惯。习惯一旦形成，就会主宰一个人的生活观念，支配一个人的思维方式，控制一个人的行为模式。

有这样一则寓言故事：

一位没有继承人的富豪死后，将自己的一大笔遗产赠送给远房的一位亲戚，这位亲戚是一个常年靠乞讨为生的乞丐。这名接受遗产的乞丐立即身价大涨，成了百万富翁。新闻记者便来采访这名幸运的乞丐："你继承了遗产之后，想做的第一件事是什么？"乞丐回答说："我要买一只好一点的碗和一根结实的木棍，这样我以后出去讨饭时方便一些。"

乞丐的地位改变了，但思维和习惯还没有改变，所以他的理想还是乞讨的理想。只不过以前端个破碗、拿根破棍子沿街乞讨，现在高级一点，拿着好一点的碗和结实的木棍去要饭，他依然还是一个要饭的乞丐。这也恰恰应了那句俗语："乞丐即使穿了龙袍也成不了太子。"之所以如此，全因习惯使然。

可见习惯对我们的影响之大，因为它是一贯的，在不知不觉中经年累月地影响着我们的行为，影响着我们的效率，左右着我们的成败。

一个人一天的行为中，大约 5% 的行为是属于非习惯性的，而剩下的95%的行为都是习惯性的。

根据行为心理学的研究结果，3周以上的重复会形成习惯；3个月以上的重复会形成稳定的习惯，即同一个动作，重复3个月就会变成习惯性动作，形成稳定的习惯。这就说明了一个道理：即便是打破常规的创新，最终也可以演变成为习惯性的创新。

亚里士多德说："人的行为总是一再重复。因此，卓越不是单一的举动，而是习惯。"所以，在实现成功的过程中，除了要不断激发自己的成功欲望，有信心、有热情、有意志、有毅力等之外，还应该搭上习惯这一成功的快车，实现自己的目标。

有个动物学家做了一个实验：

他将一群跳蚤放入实验用的大容量杯里，上面盖上一片透明的玻璃。跳蚤习性爱跳，于是很多跳蚤都撞上了玻璃，不断地发出"叮叮咚咚"的声音。过了一阵子，动

物学家将玻璃片拿开，发现虽然所有跳蚤依然在跳，却都已经将跳的高度保持在接近玻璃即止，以避免撞到头。结果竟然没有一只跳蚤能跳出来——依它们的能力不是跳不出来，只是它们已经适应了环境。

后来，那位动物学家又在大容量杯下放了一个燃烧着的酒精灯。不到五分钟，大容量杯烧热了，所有跳蚤迅速发挥求生的本能，再也不管头是否会被撞痛（因为它们以为还有玻璃罩），全部都跳出了大容量杯。

我想，人类之于环境也是如此。人类在适应外界大环境的同时，也创造出一个适合于自己的小环境，然后又习惯性地把自己困在自己所创造的小环境中。所以，习惯决定个人活动空间的大小，也决定了个人的成败，养成好习惯对于每个人的成功都非常重要。

但是另一方面，随着环境的变化，即便是一些好的习惯也会过时，也会成为你前进的障碍。这时你要善于利用条件（如点燃酒精灯），主动积极地打破旧有的习惯，离开自己的舒适区，从而养成一个更好的习惯。塑造新我是习惯的一个更高的层面，即打破旧有习惯养成新习惯的能力，需要在实践中不断去体会和历练！

所以柯维博士告诉我们：我们首先养成习惯，然后习惯造就我们！

下面提供给大家的，是一个学员竞聘一个重要职位时的演讲稿，供大家参考。在这篇演讲稿里，他展示了主动积极、以终为始和不断更新这三个习惯，这使他成功竞聘成为一个多达

150 人的团队的班组长。通过这个事例，大家从中可以体会到习惯的力量和好好应用这门课程将带给你的效能的提高。

小草，很平凡，但有着顽强的生命力。正所谓“野火烧不尽，春风吹又生”。我们做人也应该像小草一样不怕阻力，在任何困难面前都坚强不屈。

尊敬的各位领导，各位老师，各位评委，大家早上好，我是来自××的一棵小草——×××。因为有我，我们的班组将会发光发亮。

今天我们先谈谈如何当好班组长。我认为成功的班组长要具备三个要素：“授以渔”“凝聚心”和“要更新”。

中国有句古话，叫“授人以鱼，不如授人以渔”，说的是传授给人既有知识，不如传授给人学习知识的方法。道理其实很简单，鱼是目的，钓鱼是手段，一条鱼能解一时之饥，却不能解长久之饥，如果想永远有鱼吃，那就要学会钓鱼的方法。

所以，作为班组长首先应该逐渐提高自己的水平，运用“授以渔”的传教方式，让员工掌握新的知识。同时还要培养员工的学习兴趣，掌握工作技巧，在自主学习中摸索、创新工作方法，帮助员工轻而易举钓到大鱼。

第二个要素是“凝聚心”，讲的是团结。最聪明的人最善于团结人。讲团结，依靠的是人们相互间的理解、谅解与化解，这体现了一个人的胸怀和素质。

先和大家分享一个小故事：

有一位仙人，变成一个渔翁，一手提着一筐鱼，一手拿着一根渔竿，坐在山路上等人。等谁呢？原来他知道有两个人在山里迷路，已经几天没有吃上东西了，他等在他们必经的路口，想考验考验这两个人在生死关头能否团结合作。果然，有两个饥饿的人向他身边走来，两人同时发现了鱼和渔竿。渔翁答应给每个人一样东西。要到鱼的人急忙就地点火开始烧鱼吃，不过两天就把鱼吃个精光，再也找不到食物了，最后可怜巴巴地饿死在空空的鱼筐旁。另一个人呢，他只有找到湖才能钓到鱼，所以他提着根渔竿继续忍饥挨饿地往前赶路，又走了两天，终于看到湖水了，他也累得走不动了，眼巴巴地带着无尽的遗憾撒手人寰。

仙人看到这种结局后非常失望，因为事情的发展不该是这个样子的。只要两个人拿到鱼和渔竿后，不各奔东西，而是商量着一起寻找湖泊，这样每天靠鱼充饥，他们就能坚持着走到湖边，很快就会钓到鱼。如此团结协作带来的共赢，才是他们真正的生命保障。

同样，在班组管理中也需要这种“凝聚心”。团队精神的重要性，在个人、团体的力量对比上就能体现出来。小溪只能泛起破碎的浪花，海纳百川才能激起惊涛骇浪，个人与团队的关系就如小溪与大海。每个人都要将自己融入集体，才能充分发挥个人的作用。团队精神的核心就是协同合作。奥斯特洛夫斯基说过这样两句话：“人的巨大的力量就在这里——觉得自己是在友好的集体里面。”“不管一个人多么有才能，集体常常都比他更聪明、更有力。”所以团队的力量是无穷的。

第三个要素是“要更新”。还是给大家讲一个故事：

一天，树林中有一个卖力锯树的人。

“你在干什么?”一个路过的人问他。

“你没有看到吗?”锯树人不耐烦地回答，“我要锯倒这棵树。”

“你看来已经筋疲力尽啦，你干了多长时间啦?”

“五个多小时了，”锯树人回答，“我是筋疲力尽了，这是件重体力活。”

“你怎么不停几分钟，先把锯磨快?我可以肯定这样做会使你锯得更快!”

“我没有时间磨锯!”此人断然说，“我忙得哪有时间磨锯?”

磨刀不误砍柴工，忙碌不是拒绝提高工作效率的借口。很多时候，过分的忙碌正是因为没有找到有效的工作方法。适时停下来，磨快自己的“锯子”，反而能加快迈向成功的步伐!

想要油灯长明，就得不断往里加油。优秀的班组要懂得不断更新，才能达到共赢；在工作各方面都能获益，才能达到统合综效。

感谢公司让我们相遇，感谢领导给了我信任；给了我展示自己能力的机会，给了我施展才华的舞台。谢谢！

其实，所谓“授以渔”“凝聚心”和“要更新”指的就是主动积极、以终为始和不断更新这三个习惯。这位学员能成功，不仅仅在于他在稿中展示了三个习惯，还在于他把三个习惯上升到工作愿景之中，为未来做了规划。他在讲稿中对三个习惯的应用，就是他工作能力的展现与升华。所以他能在众多学员中脱颖而出，成功竞聘为150个人的团队的班组长。

主动积极不仅仅指一个人行事的态度，更意味着要对自己的人生负责。主动积极的人从不消极被动，而是能够理智慎重地选定价值观，有着“胸有激雷而面如平湖”的气魄。

主动积极的人面对问题时，知道成功是靠自己争取来的，守株待兔只会荒废人生。机会来临时，如果狐疑不决，机会就会转瞬即逝。天生我材必有用，只有主动积极才能做命运的主人。山不向我走来，我要走向山；海不向我移动，我却奔向海。

对积极主动的人来说，他不会让“社会的天气”影响到自己，不受人和事物的控制。无论外部的环境是花香满径，还是阴雨绵绵，都不会对他有影响，因为他心中有自己的天地。

以终为始就是做任何事情都要首先搞清楚最终的目标是什么。一个人没有目标，就会漫无目的地流浪、徘徊。一个人只有确定了目标，才能更快步入成功者的行列。很多初入职场的大学生付出了很多努力，依然难以成功，就是因为没有确切的目标。

成功的关键，不仅仅在于你付出了多少辛勤的汗水，你走了多少崎岖的路，还在于你是否选对了奋斗目标。一个人找到自己奋斗的目标，才能激发起自己的热忱和信心，承载起使命感与责任感，做自己生命的舵手，把握内心的罗盘，驶向希望的、成功的彼岸。

不断更新是指人要有进取心，要不断磨炼自己，提升自己。昨天活着的是过去的“旧我”，今天努力的是一个改变的“新我”，明天奋斗的是一个更新的“自我”。这样每天都会成长，每天都有进步。没有谁能一步登天，即使伟大如楚庄王，“不鸣则已，一鸣惊人”也用了三年的时间，成功没有捷径可循。

不是任何人掉进山谷，三个月出来之后都能纵横天下，只有虚构的神雕大侠杨过；不是任何人从猴子腹中取出一本书，练完后都会神功盖世，只有虚构的明教教主张无忌。那些虚构的武侠小说中的人物，现实中是不存在的。因为人的成功不是偶然的，要积小流以成大海，积跬步以至千里，积微尘以成高山；有一分耕耘，才会有一分收获。

人生最值得的投资就是不断更新自己。只有不断更新自己，提高自己，才不会意志消沉，才不会感到人生乏味，才不会缺乏灵感；只有不断更新自己，才能拥有创造力和活力，让生活变得丰富多彩，充满情趣，因改变而快乐，因成功而喜悦。

寻找工作的大学生或者是初入职场的人，面对机遇和挑战并存的、变化万千的社会，都不能很快适应。只有积极培养主动积极、以终为始和不断更新这三个习惯，并在这三个习惯中升华自己，才能在初入职场之际掌握住自己的第一块金子，进而获取更大的成就，拥有多姿多彩的人生。而一个职场老手、事业有成的人，也会面临“事到中途难”“二次创业”等问题，这个时候同样也更需要培养这样的习惯，才能获得持续的成功。

纵横职场，你需要一个什么样的通行证？

现代企业用人有四种标准：

第一种是有德有才、德才兼备的完美型的人。完美型既有业务能力，又有职业道德。这种人任何老板都喜欢用，在企业中也超级受欢迎，是“super star”。

第二种是有德无才的人，品德非常好，但是能力有缺陷，这种人可以叫次完美型。完美型的人不够时，老板也会将就着用这种次完美型的人。

第三种是无德无才的废料型的人。这种人任何老板都不会用，吃啥啥不剩，干啥啥不行，属于职场里的“东郭先生”，不能为企业创造任何价值，只是滥竽充数、混吃等死而已。

第四种是有才无德的恐怖型的人。这种人有才能、高智商、能力令人佩服得五体投地，但是为人心术不正，当面一套背后一套。这种人像炸弹一样可怕，老板一般不会用他们。如果用这种恐怖型的人，那么这个老板就不知什么时候会出事，面临“阴沟里面翻船”的危险。当然，如果老板自信有足够的驾驭能力，或许会铤而走险一试。

现实生活中，一些自认为很有“本事”的人，往往恃才傲物，以致忽略了自身的品德修养，造成了技能强而品德不足。那么他们在社会上会取得成功吗？他们在职场上的结局又是怎样的？

曾被媒体热议的“熊猫烧香”的案例给我们以很好的启发。下面我们来分析一下这个案例。

2007 年 1 月，一个名叫“熊猫烧香”的病毒肆虐于各大门户网站，致使上千万台计算机遭到了破坏，造成了极为严重的损失。该计算机病毒的制作者因此被业界评为“毒王”。

2007 年 2 月，这起“中国网络第一案”告破，制作

"熊猫烧香"的"毒王"终于浮出水面。案犯李某年仅25岁，只有中专水泥专业肄业文凭。2007年9月，湖北省仙桃市人民法院以破坏计算机信息系统罪判处李某有期徒刑4年。

2009年12月24日，李某因为表现良好，被提前释放。2010年1月，痛改前非的李某北上至京，先后到多家网络企业求职，均被拒绝，只得铩羽而归。

李某可谓计算机编程领域里高手中的高手，制造"病毒"的天才。出狱后他抛出了"橄榄枝"，最终得到的却是惨淡结局。天下没有免费的午餐，天下也没有犯错不承担责任的理由，谁都要为自己的错误买单。

正所谓人正心正，做出的事才能正。如威廉姆·乔治·乔登所说，人性可善可恶，冥冥中影响着我们的一生，而且总是如实反映出真正的自我，人性是伪装不出来的。

《周易》中讲到"君子以厚德载物"。当一个人的道德与才能失衡时，早晚会出事的。君子坦荡荡，小人长戚戚，德大于才是君子，才大于德是小人。

品德修养对一个人非常重要。现在企业招聘时，老板第一看重的都是人品，第二看重的才是技能。尤其是刚毕业的大学生，你在学校所学的知识，能在职场中用上20%—30%，已经相当不错了。老板选中你，首先看中的是你的品德，能力是你以后在职场中逐渐修炼出来的。

那么品德体现在哪里？正是体现在日常生活中的行为习惯里。因为决定习惯的是行动，决定品德的则是习惯，好的品德体现出好的行为习惯。成功步入职场，成为高效能人士，就要有好的品德，好的习惯。

他为什么住别墅？而他为什么仍是蚁族？

这是一个房奴、蚁族、蜗居族等新名词蔓延滋生的时代，但这也是一个白领、金领、精英富豪层出不穷的时代。你可曾想过这样一个问题：当有些人还在为买房子或者为如何从房奴中解脱出来而发愁的时候，为什么有些人却住在别墅里过着令人羡慕的神仙日子？我们该抱怨房价高昂吗？我们该抱怨社会吗？如果这些抱怨让人摆脱房奴、蚁族和蜗居族的命运，那多多抱怨也无妨，但现实是抱怨不仅对人无益，而且还会使人变得怨天尤人、消极被动，长此以往可能成为一个“祥林嫂”式的精神病人，甚至走向崩溃。

这里我给大家讲个真实的故事，或许能给你醍醐灌顶的启发。

我的一个朋友，是1996年大学毕业的，南漂广州，进入一家化妆品公司当业务员，过起了四海为家的生活。工作两年中，谈了几个女朋友都以分手告终，原因是他长期漂浮不定，让女孩子觉得没有任何归属感和安全感。

他当时就想：正当年的小伙子，连找个爱自己的人都找不到，连给自己爱的人以归属感和安全感都做不到，这真是天大的耻辱，自己一定要想方设法买到一套房子才行（see－想事）。

于是他拿出了自己两年多全部的积蓄，再找亲朋好友借一点（do－做事），终于在当时天河最偏远的地区买了一套60平方米的房子，按当时的价格才20多万，首付6万多元。

真的是有心人天不负。一年之后，他不仅在广州找到了更好的工作，摆脱了原来长期漂泊的生活，而且还真的找到了自己心爱的另一半。

2002年，这对患难小夫妻靠着共同努力，不仅还清了这套房子的所有贷款，而且还有了自己可爱的小宝宝（get－成事）。2003年，他们看到了本小区里一套样板的复式房，140多平方米，可能是房产公司的边际收益，特别便宜，总房价才50多万元，按揭首付不过十五六万。能有这样的房子，全家人住起来多么舒服，那是一种什么样的感觉？

有了目标，夫妻俩说做就做，他们马上凑齐了首付，迅速地搬进了新房（因为是样板房，几乎不要装修）。原来的那套60平方米的小房子也迅速找到了租客，成了小两口的一个额外收入来源，帮助他们减轻了不少的按揭负担。

到了2006年下半年，国家"两会"开始议论房产70年届满之后地权的归属问题，当时的主调是地权可以延续使用。看到这个信号（see－想事），他迅速意识到这将带来房地产特别是别墅价格的新一轮上涨，一定要抓住这个机会！

有了思想就要行动，他通过中介公司，迅速了解到当时离城市不远的地方有一套独立别墅要出售，售价160万元，首付算下来要60多万。

办法要想总是有的，高效能人士面对困难总能找到多种选择，总能获得有选择的自由这样超然的感觉。他一算，自己2003年买的这套复式房子现在已经价值70万左右了，他决定立即把它卖掉，用这笔钱来付别墅的首付（do－做事）。

果然他的设想成功了！2007年年初他终于住进了别墅！现在，他当初买的那套160多万元的别墅已经有1200多万元的市面价值了（get－成事）！

这位朋友就是一个打工者，跟我们很多普普通通的白领一样！而今他却站上了一个全新的台阶！恰恰相反，我还有另外一个朋友，比这个朋友毕业更早，而他奉行的原则是，从来不借钱去买房。每当他想买房的时候，价格又涨了，于是他就不断地抱怨，不断地骂人，而今已经四十多岁了，仍然还在“蜗居”……

案例中，一个人最终住进了别墅，而另一个人依然是打二的蚁族，之所以会有不同的境况关键就在于思维观念（想事—做事—成事）的不同。

思想有多远，就能走多远。有什么样的思维，就有什么样的行为与结果。思维转换所带来的行为，正如那句广告语所说的：美特斯邦威，不走寻常路。

很多人面对问题时，怨家境不富有，怨别人不给机会，怨社会不公平。与其在那里花时间抱怨，还不如花时间调整自己的心态，改变思维观念，积极主动去寻求解决问题的方法。有些人抱怨了一辈子，结果也就失败了一辈子，多么可悲啊！

不要抱怨上天不公平，上天给了每个人不同的才能。这世界上没有完全相同的两片树叶，也没有完全相同的两个人，每一个人都是特殊的。路是自己走出来的。谁在这个世上都不是注定要扮演一个失败的角色。

你听过那个传奇故事吗？史泰龙出身贫民窟，父亲是赌鬼，母亲是酒鬼。父亲输钱后打母亲，母亲喝醉后就打他。在这样的家境中，他成了一个街头小混混。可是有一天他突然改变思维，认识到自己不能再这样活下去，于是离开家乡，只身来到好莱坞，渴望做个电影明星。

他求职 1000 多次，也被拒 1000 多次。他就像周星驰在《喜剧之王》中说的那样——其实我是一个演员。怀着这样执着的、不放弃的梦想，他继续求职。后来一个曾拒绝过他的导演终于同意拍摄他写的剧本，但只拍一集，这就是电影《洛奇》。《洛奇》上演后，获得了美国当时最高的收视率，史泰龙成功了。

曾国藩曾说："凡办大事，半由人力，半由天事，吾辈当尽人力之所能，而天事则听之彼苍。"面对问题的时候，你真的尽人力了吗？尽人力是不断地调整自己，改变思维模式，此路不通还有彼路，上帝把一扇门关闭了，他还会为你开一扇窗。如果你一直抱怨，你就永远找不到那扇希望的窗。

高效执行力的秘诀

职场中有这样一类人：做事虎头蛇尾，有始无终，没有高效的执行力。归其原因，不是他们做事不努力，而是没有找到正确的指导原则。俗语说："劈柴不对纹，活活累死人。"做事没有正确方法，只能是事倍功半，甚至是事倍功无。

《高效能人士的七个习惯》中提出了高效执行力的正确指导模型，即 PRINCIPLE - SEE - DO - GET（原则—想事—做事—成事）模型（以下简称为 P - SDG 模型，如下图所示）。

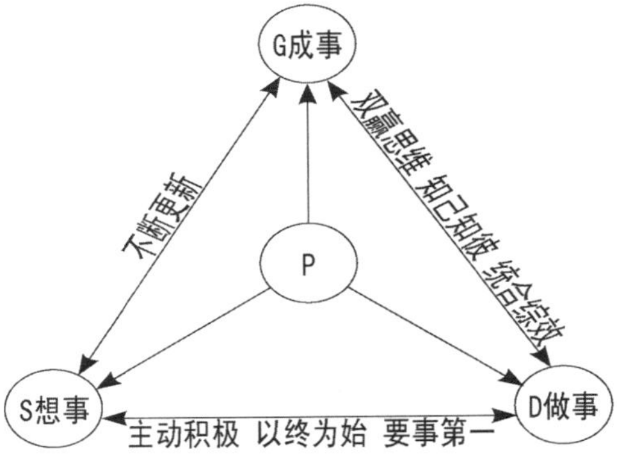

高效执行力的 P - SDG 模型

这个概念的基本含义之一是：有什么样的思想，就有什么样的行为，就会得到什么样的结果。遵循正确的原则产生正确的结果，否则将产生不正确的结果。由此推导的结论就是，要想得到正确的结果，就必须遵循正确的思想和行为。小的改变，从改变行为开始；要想取得大的改变，则必须从改变思想和原则开始。

我们知道的“墨菲定律”，就是一个典型的被动消极的例子。墨菲定律源自于一位名叫墨菲的美国上尉。因为他认为某位同事是个倒霉蛋，便不经意地说了句笑话：“如果一件事情有可能被弄糟，让他去做就一定会弄糟。”后来这句话被延伸拓展，就出现了一些其他的表达形式，比方说“如果你认为坏事有可能发生，那么它总会发生”。

但是，对一些主动积极的人而言，他们则经常用一些主动积极的思维方式考虑问题，他们总是认为“这件事我一定能干成”“我是最棒的，我是最好的”。这种指导模型体现到他们的行为之中，令他们获得了期望的结果；他们也以这样的指导模型去看待和激励别人，所以他们带领的团队也能获得很好的业绩。

两种不同的指导模型（P－SDG）会导致不同的个人和团队效能！比如，工作上就有这样的现象：有些经理总是认为自己的下属不行（see－想事），所以就不培养、不授权甚至给以难看的脸色（do－做事），导致这些员工越发地不努力，最终真的就落入了被淘汰的行列。这个团队的绩效也会因此受到影响（get－成事），经理还口口声声说“天下无马”！实际上“其真无马邪？其真不知马也”。这是一个很值得职场人士思考的问题。

《高效能人士的七个习惯》中提出了高效执行力的正确指导（P-SDG）模型。这个概念的基本含义之二是：“想事—做事—成事”是一个不断衰减的过程。很多人都是头脑中想到的不一定能够做到，正所谓“思想的巨人，行动的矮子”，这样的人太多了；假设他想到的程度为100，做到的可能只有60，得到的就只有30，甚至更少——0或者是负数，这种情况就叫做虎头蛇尾！伟大的人物和组织之所以伟大，则是由于他们可以将执行力的衰减度降到最低，无限逼近“想100—做100—得100”的程度，这就是所谓的始终如一。“所想即所做，所做即所得”，这也就是所谓的执行力。它是判别一个人或者一个组织的执行力高低与否的标准，这个模型也是一切有关执行力书籍的根本和秘诀所在。

让我们看一个来自中国移动通信集团公司的大团队经理提供的关于执行力的案例：

> 基于88元数据流量套餐对移动公司在4G时代的重要意义，这一阶段我们正在力推之。营业厅当然是我们的主战场，所以布置过后，我们就利用周六、周日休息时间抽空去看看营业厅的执行情况。
>
> 我们早上一口气跑了6个具有代表意义的营业厅。总体来说，绝大部分营业厅都可以较好地落实这一要求。这些营业厅的店长都能认识到这一项工作的重要意义，从去年的“休假文化”中转变过来，愉快地接受周末来到工作现场参与促销的安排（当然会有补休）；与此同时，他

们都能把这个套餐的宣传单摆放在营业现场的明显位置，相关的 POP 都被摆放在客户容易看得到、取得到的地方，相关的现场营销代表对这两种产品的相关业务和服务要求也比较熟悉。这些做法所取得的结果也是比较好的。

但是恰恰有一个营业厅被我们抓了个反面典型：我们到营业厅的时候已经是早上 10 点多了，店里只有 3 个营业员上班，店长不在。发现了一些问题，我就给店长打电话，但打了两次手机都没人接。营业厅的两种重要产品和 POP 都还没有摆出来，宣传单放在了客户够不到的地方，营业厅里有两个顾客也没有人接待。

经过了解才发现，这个营业厅的店长是个老店长了，她曾经告诉别人周六、周日她是不加班的！怪不得，思想（see）如此，作风（do）如此就不奇怪，有这样的结果（get）就更不奇怪了！

这样的做法都是不可行的。我就在周例会上请她来对上周的工作落实情况进行汇报，我以教练的方式帮助她分析问题产生的原因，并找到了解决问题的方法。

她分析得很认真，我也搬出上周布置的工作一项项核对，结果发现其中有一个问题是由于她没有布置而引起的。执行力在店长这个环节就衰减了，怎么办？她提出今后要养成随手带笔记本的习惯，随时记录领导交办的工作。此外，她说 88 元套餐的推广工作是交代过的，表现得挺冤枉，言外之意是怪下属落实不力。

作为一个教练，有这么多队员，但只有一个队员出现了这个问题，其他队员则没有出现这个问题，所以我就让她将自己的工作跟其他队员（店长）的工作进行对比。这时她终于明白，之所以出现了这个问题是因为工作中“只有安排没有检查”，特别是周六、周日这些关键时刻的检查。

最后她按照“see－do－get”的模式给大家进行了一次总结：

1. 思想（see）。要从思想上重视公司目前88元流量套餐的各项工作，特别是重视重要工作的检查，周六、周日和节假日更要主动到营业厅现场来检查。

2. 作风（do）。第一，对公司安排的工作不仅要有布置，而且要有检查，特别是重要节假日的检查；第二，养成随时带笔记本的习惯，随手记下领导交办的工作，认真布置，及时汇报。

3. 落实（get）。这样工作才会有新的起色，跟上公司的要求，跟上同事们的步伐，做得更出色，为自己和团队争光。

案例中，这个店长的“P－SDG”思维严重地不一致，导致了这个店执行力的低下。作为一个团队，经理的“see－想事”并不是那么容易就成为团队的“see－想事”，更不可能产生相应的“do－做事”和“get－成事”了，这是个人和团队执行力低下的根源所在。

实际上，这个模型也可以引申到我们的人际关系方面，我们也能看到相应的例子：同一届分配来到一个公司的大学生，同样是看到老板房间里来了客人（see－想事），有的人假装没有看见（do－做事），而有的人则马上想到的是递水倒茶（do－做事）；同样是看到了公司的一些问题和困难，有的人是视而不见，事不关己，高高挂起（do－做事），而有的人则想到了如何帮助公司解决问题，想好了方案并设法验证和实施，直到问题得到解决（do－做事）。到后来，前面的这种人或者被公司淘汰了，或者平平庸庸（get－成事），而后面的这种人在公司里则平步青云，扶摇直上（get－成事）。当这种差距出现的时候，有的人就对这种不平衡抱怨不止，实际上这样的结果不正是自己的眼界、思路和行动决定的吗？所谓“种瓜得瓜，种豆得豆”，早知今日何必当初啊！

ISO9001体系就是贯彻这个概念的一个结果，它就是教人如何始终如一地保持“思—为—得”这一过程的，因为它所想（质量方针）即所说（质量手册），所说即所做（操作流程），所做即所得（产品质量）。如果一个企业要提升其产品和服务的质量，就要提高执行力，“P－SDG”就是一个很好的工具！

由上述案例可以看到，要想提高个人的执行力，我们要：

1. 时常关注自己的“P－SDG”是主动积极的还是被动消极的。

2. 我们的思想有时候不是我们真正内心所想的，我们要多多地反思自我，通过反思让自己真正回到内心世界所想的“SEE思维”上来。而提升团队执行力的难度更大，领导人的“P－SDG”和团队中各个人员的“P－SDG”要高度一致，每个环节都一致才能保障执行力落实到位。否则它就会衰减，致使执行力低下，达不到想要的团队绩效。

【想事—做事—成事】

1. 有人说，35岁之前养成的习惯决定你能否取得成功，你的哪些习惯能够助你成功?

2. 职场生活中，每天都要面对各种各样的挑战，面试则是新进员工的第一个挑战。整理一下思路，看看你对目前的行业和职位，或者理想的行业和职位了解多少。

3. 日常生活中，你是否有突出的才能却没有被人肯定过？你又是否主动积极地表现过？写下自己的优势，并找到体现优势的方法。

Ⅱ

积累个人成功的基础习惯

Accumulate Basic Habits of Personal Success

想事—做事—成事，助你个人成功

人的发展要经历三种状态——依赖、独立、互赖和以这三种状态为标志的两个过程——个人成功和公众成功。从这个方面来看，柯维博士的《高效能人士的七个习惯》的可贵之处，在于它从哲学的高度（see - 想事）揭示了人的发展所经历的这三种状态、两个过程中必须养成的一些基本习惯。但更难能可贵的是，它又从行为层面给出了人们养成这些习惯的方法，使得这些习惯具有可复制的准度（do - 做事），从而使得每个认真学习这门课程的人都能达到使人生效能更高的程度（get - 成事）。

因此，这门课程才能经得起时间的考验，流行全球三十年，经久不衰；又能经得住空间的考验，被译成 38 种语言，流行全世界。所以说它是人们走向成功、走向成熟、走向可持续的高效能的过程中，可借鉴的一套关于想事、做事、成事的方法论的集合！

从个人成功方面来讲，习惯一（主动积极）是一个关于自我审视的习惯、关于选择的习惯，属于想事的层面；习惯二（以终为始）和习惯三（要事第一）则属于做事的层面，是关于使命和愿景的习惯、自我领导的习惯、诚实和执行的习惯、自我管理的习惯。

按照这些原则和做法，养成了这些习惯，你就可以更好地掌控自己的未来，获得更大的影响力、成就感、平衡感和安全感。也一定可以成为一个值得被信任的人、一个独立的人，达到个人成功的境界，这就是所谓成事。一个人，如果没有修炼好这三个习惯，他在公众社会里取得的成功也是侥幸的，也会是不牢靠的。

这些理论和方法因具备极强的实践指导意义而被多方引用，这里简单列举一下：

比如，这三个方法被应用于心理辅导中的压力和情绪管理，被称作“压力和情绪管理的哲学疗法”，并发展成了一门单独的课程。它告诉人们，人的压力和情绪可以通过改变态度（习惯一：主动积极）、调整目标（习惯二：以终为始）、调整方法（习惯三：要事第一）来管理。但压力和情绪又是最难管理的，所以才有了“道德文化的最高层次，就是当我们能觉察自己应该控制思想和情绪”（达尔文）、“无论在任何情况下，人都还有最后一种自由——选择自己态度的自由”（维克多·弗兰克）、“我们拥有的一切都是自己造成的，可是只有成功者承认这一点”（厄尔·南丁格尔）这些发人深省的论断。

比如，习惯一（主动积极）被引申成为心态管理的课程，习惯二（以终为始）被引申为目标管理的课程，习惯三（要事第一）被引申为关于时间管理的课程等。

我们还可从另外的角度形象地理解个人成功阶段的三个习惯。如果把人生比作一艘航船（如下图所示），那么，习惯一

（主动积极）就是要让大家树立一种这样的态度——我是人生航船的舵手，人生之事操之在我（Personal Vision）；习惯二（以终为始）就是要让大家时时刻刻清醒地知道——我知道这艘航船驶向哪里（Personal Leadership）；而习惯三（要事第一）就是要让大家明白——我控制航船驶向既定的彼岸（Personal Management）。

1. 我是人生航船的舵手（Personal Vision）。
2. 我知道航船驶向哪里（Personal Leadership）。
3. 我控制航船驶向既定的彼岸（Personal Management）。

人生的航船

这充分说明了一个问题：这三个习惯在帮助人们走向个人成功方面，在指导人们如何想事、做事、成事方面有巨大的价值。愿您能够真切地体会到，这正是本书作者的美好初衷之一！

习惯一：主动积极

HABIT 1：Be Proactive

亲爱的朋友，你可曾碰到过这样的苦恼：找工作为什么这么难？好不容易找到一份工作，上司为什么又是这样的飞扬跋扈？工作又为什么这么让人头痛？人生又为什么这样不尽如人意？为什么有时感觉到生命好像是在有意跟自己作对？不错，你碰到的这些问题很多人都碰到过，本章就节选了一些这样的案例，让我们一起看看案例中的主人公们是怎样通过“主动积极”的习惯去应对挑战的。

让我们先对这个习惯进行一次概览：

这是一个关于选择的习惯，关于自我审视的习惯。这个习惯告诉我们要在思想上树立以下原则：

PRINCIPLE（原则）：我有选择的自由，并对我的选择负责。

SEE（想事）：我是自己选择的结果。

行动上要学会以下方法：

DO（做事）：根据原则，三思而行；使用主动积极的语言；扩大影响圈；成为转型人。

最后我们就会收到这样的效果：

GET（成事）：影响力增加；自我意识增强；有更大的主动性；创造生活的力量增强；明白如何掌控自己的未来。

这其中有一些重要的东西值得与大家分享：主动积极的行为和语言可以唤醒自己和他人心中的“天使”，令人振奋；而被动消极的行为和语言则会唤醒自己和他人心中的“魔鬼”，令人泄气。下面我们对照看看：

主动积极的语言	被动消极的语言
你真棒！	你真笨！
别泄气，我们还可以做得更好。	都是你的错！
对，就这样！	错了，应该那样！
让我们来看看还有哪些更好的方法。	我们没办法。
我可以控制自己的情绪。	他气死我了。
我选择……	我不得不……
我喜欢……	我被迫……
我将要……	假如……

不论外界给我们什么样的刺激（包括正面的和反面的），我们要始终坚信我们总有终极的自由选择权，因为我们与受条件反射控制的动物是有区别的，我们有人类的四大天赋——自我意识、想象力、良知和独立意志。我们可以选择主动积极的态度和行为，但消极被动的态度和行为更容易成为人们的选择，因为前者需要自我意识、想象力、良知和独立意志的支撑，而做到后者则轻而易举。关于如何做到主动积极，本章也将通过一些案例告诉大家一些可行的、有效的方法，比如“自我审视四步法”。

消极被动的人，让自己受外界的情绪、感觉和环境的影响和控制；而主动积极的人在面对刺激时，则根据原则三思而行，来选择自己的反应方式（他们经常使用主动积极的语言，他们经常把精力放在影响圈内，而不是放在没法有所作为的关注圈中）。这样就拉大了刺激和反应之间的距离，随着距离的扩大，他们就拥有了越来越大的自由。

主动积极的人就像“太阳”，给人“赋能”；消极被动的人则像“黑洞”，会吸干别人的能量。我们要做“太阳”而不要成为“黑洞”。

应聘进入好公司，你要怎么做?

当今社会，就业形势十分严峻，找到工作不容易，找到好的工作更不容易。找工作屡屡受挫后，很多人变得悲观无奈，甚至有人因为找不到工作而厌世轻生，认为“我命由天不由我”，成了乌江边“天亡我也”的项羽。

其实无论是刚迈出校门的大学生，还是历经商海沉浮的职场人士，找工作都只是他们人生的一个阶段而已。一时的挫折不能代表全部，一时的否定不能代表自己毫无价值，只不过机会还没来临罢了，但机会的来临要靠自己来把握，所以在屡遭挫折和打击的时候，仍能保持主动积极是十分重要的。

我的一个朋友应聘进入中国移动通信集团公司的经历就是一个很好的案例。我想，如果没有主动积极这个习惯，这个朋友就没有进入移动公司的可能。

2000 年下半年，MBA 毕业之前，我就决心进入电信行业（习惯二：以终为始），并做好了一些准备（习惯一：积极主动）。果然你心里想的是什么，眼里就能看到什么，2001 年 1—2 月份，有一天我看《广州日报》，发现有一则广州移动公司的招聘信息，我就按照地址投递了简历。没想到，这样的简历投递竟然真的就有了回音——2001 年 3 月 11 日，我接到让我下午就去参加移动公司的招聘面试的通知。第一轮面试，我顺利地过关了！

一段时间后，我再次接到了公司的面试电话，这次要见的是移动公司的经理人员，也就是自己未来的直接上级。因此我做了充足的准备，上网专门查找了与移动公司有关的信息，查找了报纸上最近关于移动公司的报道，也托人找一些认识移动公司工作人员的朋友了解了一些移动公司的情况等。

当时通知我 12 日下午 4 点到，为了省钱，虽然我预先算足了赶公共汽车前往面试地点的时间，但还是人算不如天算，似乎老天总是在关键时刻要考验一下我的主动性——广州这个地方的堵车现象是出了名的，这次真让我遇上了。等我赶到当时移动公司办公大楼的 34 楼时，面试官刚刚离开。

我大脑一下子空白了，难道这么多天的准备就这样泡汤了？不行！我脑子迅速活跃起来，我一定要想个办法见到面试官，有了这样的想法（see－想事），我就迅速浏览了一下周围的楼道（do－做事），这时我发现有个门是开着的，进去一看，是个办公室，里面坐了十多个人正在埋头工作。

我悄悄走到离门口最近的一个女孩跟前，问她是否认识刚才在外面会议室主持面试的那位面试官。她果然认识，但她也告诉我一个坏消息，说面试官不在这栋大楼办公，可能现在已经离开了。我迅速反应过来，问她那里有没有面试官的联系电话，她指着贴在办公位上的一张通讯录告诉我："就是这个电话号码。"

我记下了这个电话号码，走出门外迅速地给这位面试官打了个电话，这位面试官竟然真的被我找到了（get-成事）！不过当她接到我的电话时，首先惊讶的是我一个应聘人员怎么知道她的电话，我给她讲了我是如何设法找到她的电话号码的过程，她一改刚开始说我迟到了不想再见的口气，给了我一个特殊的、专门的面试机会！

面试开始，因为准备充足，一切都在掌握之中，但看得出也都出乎这位面试官的意料之外。因为当我说出移动公司目前以"十大代理商"为主要特色的渠道体系的种种利弊的时候，面试官一下子对我刮目相看了。这次面试竟然完全超过了一次正常面试的十几分钟时间，一直进行了半个多小时。当面试结束的时候，我强烈意识到这一关我已经过了。

本次招聘活动的最后一轮面试，由移动公司部门老总和公司老总主持，我以优异的成绩在几千人当中脱颖而出。进了公司之后才知道，对这一批新进工作人员的招聘真的是百里挑一。广州移动历史上对社会公开招聘正式员工仅有两次，而我们这一批就是第二次！

这位朋友的求职经历是我们所熟悉的。虽然有一些挫折，但他以积极主动的原则去争取机会，并且做了充分的准备，使自己在几千人的激烈竞争中脱颖而出，最终获得了自己心仪的工作。

想找好工作就要主动积极地去争取。一个人努力争取了可能不成功，但不去争取就一定不成功。你积极主动地去解决问题，问题就害怕你；你躲避问题，问题就会像大山一样压着你。所以不要抱怨，更不要退缩，因为大家都在同一条起跑线上，谁都面临着就业难的问题。

另外，很多人找不到工作的原因之一，就是他们自己平时没有修炼自己的能力。荒废了光阴，在玩乐中醉生梦死，有证书而没有能力，这种情况在大学生中很常见。

机会总是给有准备的人，天上掉馅饼的事是不常见的。不打无把握的仗，在找工作前一定要积极地准备，才能把机会牢牢掌握在自己手中。谁准备得充分，谁获得成功的几率就更大，命运永远垂青那些有准备的人，生活因“主动”而改变。

老板太坏，你要怎么办？

习惯一（主动积极）是一个关于选择的习惯。面对外界的刺激，人与动物的最大的区别之处就是人有选择的自由，我们的情绪是可以选择的。面对别人的无礼、面对跋扈的上司，我们可以选择生气、怨天尤人，在痛苦中忍受煎熬；也可以选择抛弃自己那些负面的想法，不抱怨，找到更好的办法去改变现状。

同样，在工作生活中，我们的行为也是可以选择的。我们可以选择为客户服务更周到一些，对同事更耐心一些，把工作做得更细致一些，把情况了解得更清楚一些，也可以选择原谅一个人的错误，选择自己的职业和行业等。总之，高效能人士坚信：我是我选择的结果，我的人生就是一系列我选择的结果，我是人生的舵手！

一位朋友刚刚留学回国，在一所大学供职。前几天来信向我诉苦，说他的那位“混蛋”系主任千方百计地挤对他。这本是我意料之中的事情。因为我的这位朋友天资聪颖，初来乍到即崭露头角，而且性情刚烈，生就一张刀子嘴。上司既然少才缺德，不怕他、恨他才怪。

为他颇感不平之后，我又觉得照他那样的个性发展下去，于组织、于他人、于自己、于事业都没什么好处。不过遇上个跟他过不去的上司未尝不是一件好事，于是我写

信跟他说："坏上司是一所学校，在这所学校里有许多功课可以学，并且是非常重要的功课。"

我想，如果你有一个坏上司，那你至少能学好三门功课。

第一，坏上司能让你拥有一颗面对逆境的平常心。

这应该是人生中最宝贵的一课。在面对不能由我们自己决定的客观环境时，有两种态度可以选择：一是心平气和、平心静气地接受它，因为这是客观环境；二是从心理上不接受这个不能改变的事实，为它而烦躁、叹息、愤慨。第一种态度至少能够使自己的心理保持平衡，第二种态度则是拿别人的错误惩罚自己，在客观上受损失的同时，再加一层心理的伤害。可见，在面对不能摆脱的环境或者不能改变的结果时，从心理上接受它要比拒不接受好得多。

一座山挡住你的去路，你不会对着山生气，你会想方设法攀越它，或者绕过它。一群狼围住你时，你也不会对着狼群生气，你会用最大的智慧和力量战胜它们、消灭它们或者逃避它们。一丛荆棘刺破你的手时，你也知道刺人不过是荆棘的本性而已。那么，为什么这些元素代换成“人”的时候，就令你怒火中烧，或者愤愤不平呢？就是因为他们是你的同类吗？古人说：君子不跟牛执气。可见古人是懂得这种差别的。这是不是古人的大智慧？

有一位叫弗兰克的心理学家，他在希特勒的集中营里待了十几年，他在那里的一个重要发现就是：如果一切都不能改变，至少还能改变自己的感受；如果一切都不能控制，至少还能控制自己的风度。还有谁面对的环境能比希特勒的集中营更糟糕呢？

俗话说：“穷忍着，富耐着，睡不着眯着。”培根说：“幸运所需要的美德是节制，逆境所需要的美德是坚韧，而后者比前者更为难做。”如果你要成为一个领域的领袖人物，首先就需要一颗宠辱不惊的平常心。现在你遇上了一个坏上司，不应该感谢上苍对你的厚爱吗？你应该以“我不入地狱，谁入地狱”的决心，勇敢地面对你的坏上司。然后，在与坏上司的相处中努力培养自己的各项美德。有了美德，才能领袖群龙，驰骋天下。

第二，坏上司能激发你的潜能。

刘墉写过这样一个故事：

我在美国留学的时候，有一天，一位已经就业的同学对我抱怨，说他的美国老板“吃”他，不但给他很少的薪水，而且故意拖延他的绿卡申请。我当时对他说：“这么坏的老板，辞职也罢，但你岂能白干这么久？总要多学一点儿东西再跳槽，所以你要偷偷地学。”他听了我的话，不但每天加班，留下来背那些商业文书写法，甚至连工人修理影印机时，他都跟在工人旁边记笔记学习，以便有一天自己出去创业，能够省点儿修理费。

隔了半年，我问他是不是打算跳槽了。他居然一笑说：“不用！现在我的老板对我刮目相看，又升官，又加薪，而且绿卡也马上下来了。老板还问我为什么做事态度180度转变，变得那么积极呢！”他心里的不平不见了。他做了“报复”，但只是换了一种方法就实现了，而且他还自我检讨，认为当时其实是自己不努力。

刘墉对这件事的感言是：你喜欢斗狠吗？你总是心里愤愤不平吗？你要知道，敌人、仇人都可以激发你的潜能，成为你的贵人。你也要知道，许多仇怨、不平，其实问题都出在你自己身上。你更要知道，这世间最好的“报复”，就是运用那股不平之气，使自己迈向成功，以那成功和成功之后的胸怀，对待你当年的敌人，而且把敌人变成朋友。

柳宗元在《敌戒》中说：“皆知敌之仇，而不知为益之尤；皆知敌之害，而不知为利之大。”他举例说，秦有六国，兢兢以强，六国既除，天下承平，于是采不死之药，用拍马之徒，喜颂圣之声，恶报忧之闻，终落个二世而亡。看来，人没有敌手是很难发挥自己的全部潜能的，这是因为“战胜自我”是最难的。没有敌手的激励，难免怠惰，难免放纵，难免降低追求的目标。

精神病学家 J. A. 哈德菲尔德深入研究过危机环境对激发人的身体、心理、感情和精神潜能的非凡力量。他说：“我们过着拘谨的生活，避开困难的任务，除非我们被迫去做或者下决心去做时，才会产生无形的力量。我们面临危机时，勇气就产生了；被迫接受长期的考验时，就发现自己拥有持久的耐力；灾难降临时，我们会发现内在的潜力，仿佛是出自一个永恒手臂的力量。一般的经验告诉我们，当我们无所畏惧地接受挑战、自信地发挥我们的力量时，任何危险和困难都会激发能量。”“冤冤相报何时了”的两败俱伤，变成“相逢一笑泯恩仇”的双赢，不是人生中最大的成功吗？

第三，坏上司能增加你处理组织内部事务的政治智慧。

有人说，一个好的企业家，必须是好的政治家。企业中的政治斗争，从来就不会停止，任何一个组织都有政治的影子，只不过好企业有明确的政治斗争规则，而坏企业则没有。或者说好企业鼓励积极的斗争，而坏企业则鼓励大家内耗，从而导致企业在市场竞争中落败。国外好像有这样一门学科，专门研究企业内部政治学，只是没有见到译本。

专家出身的人往往缺乏这一课。著名的“陈天生怪圈”就是例证。

1986年，陈天生到广州，用1500元自有资金，加上800元稿费，另加一位朋友的5000元，办起了一家技术经济发展公司。公司获得迅速发展。为了谋求进一步发展，他去海南考察。

这时，公司内部有人冒充他的签名私收货款。司法机关找上门，内部马上有人栽赃于陈天生，甚至合伙“要在思想上、组织上彻底肃清陈天生的流毒”。于是，陈天生的工资被停发，办公桌被搬出门外，连铺盖卷也被扔了出来。各分公司见主帅易帜，一时间纷纷倒戈，百万资产瞬间付之东流。

陈天生只身再闯天下，又在广州鼎湖区重创辉煌。1989年，陈天生白手起家，创办了鼎湖科技实业城。自筹资金，自力更生。经过3年的苦干，鼎湖开发区终于兴旺起来了。然而，历史悲剧再次重演。就在陈天生雄心勃勃地准备扩大开发区规模时，突然被这个由自己亲手创办的经济组织抛了出来。他抗争无效，静悄悄地走了。

1992年，陈天生与蒲圻市签订合同，以民间筹资的方式，在蒲圻建赤壁长江大桥，创办开发区。很快，陈天生在家乡这块熟悉的土地上再次显示出杰出的组织协调、招商引资等各方面的才能。不曾料想，企业兴旺起来了，脚下的跳板却又被人抽走了！陈天生跌了有生以来最大的一跤。乡亲亦无情，他再一次饮恨离走。

广州怪圈、鼎湖怪圈、蒲圻怪圈这3个怪圈，环环相扣，一圈比一圈大。陈天生创业，红火，转眼间烟消云散，孤身一人，又回到原点。这种怪圈，在不同的企业家身上不同程度地反复发生着。

如果一个人在创业之前遇上一个坏上司，被迫学习“企业政治学”，那就太幸运了。就算你永远不打算自己创业，学好这门功课对你的职业生涯也大有助益。

有一位在美国三大汽车公司之一工作的高级管理人员遇到了一个难题：一方面，他喜欢自己的工作，对薪水也很满意；另一方面，他痛恨自己的上司。他已经忍气吞声好多年了，现在到了忍无可忍的地步。于是决定通过一个猎头公司找份新工作。

在与猎头公司的交流中他获得了灵感，他把上司的情况告诉猎头公司，委托猎头公司为上司找一份工作。当这

位上司接到电话，被告知有一份新的工作在等他时，他正好也厌倦了当前的工作，爽快地接受了新的职位。妙就妙在当上司的职位空缺时，这位高级主管申请补缺并且成功了。他从这次调职中领悟出了一种高超的政治智慧，使他在这个企业中一帆风顺。

在与坏上司过招时，你还会悟出许许多多的“招数”。譬如，“宁肯得罪君子，不可得罪小人”的原则。如果你得罪小人了——因为一句话，他就要运用他的职权，找茬扣工资、奖金。但是，你能做到不得罪小人，反而利用小人为你服务吗？再譬如，建立统一战线，不要四面出击，一次只能打击一个对手，同时与其他人联合。这点你做得怎么样？同上一级领导的关系，与上一级各职能部门的关系、与外界的关系、与一般同事的关系，都是你所处环境的一部分。在与上司的斗争中，你是“有理、有利、有节”地抗争，还是负气而为？

有可能你碰不到好领导，但这对于你其实是好事，如果将来有一天你要超过他，你希望他比较聪明还是比较笨？相对来说这样的领导其实不难搞定，只是你要把自己的身段放下来而已。多认识一些人，多和比自己强的人打交道，同样能找到好的老师。不要和一群同样郁闷的人一起控诉社会、控诉老板，这帮不上你，只会让你更消极。和那些比你强的人打交道，看他们是怎么想的，怎么做的，学习他们，然后再跟更强的人打交道。

这三门功课学完，你的功力必会大长，今后的事业也一定会因此而顺利。天将降大任于斯人，必先让他遇到坏上司。

公司不好，你要怎么办？

性格决定命运，有什么样的性格就有什么样的人生。很多人因为性格内向、害羞而导致难以成功，有一肚子的学问和能力，却只能委屈地憋着，因为不擅长沟通与表达，使得别人无法认可他。而在工作中又不懂得及时调整自己，只能在“沉默是金”中浪费才能！

大家可能都知道韩国的平民总统李明博。他小时候家境贫寒，从一个“草根”做到现代建设公司的CEO，再到韩国总统。他为什么能够如此成功？他对人生、工作、生活中面临的一些问题如何看待？相信他的故事对大家一定很有启发。

李明博小时候家境贫寒，难以想象的贫困生活以及经常遭遇的歧视的眼光，使他的性格比任何人都内向、害羞，有着强烈的自闭倾向。但从上中学开始，他就尝试着改变自己，积极参加社会活动，出任学生会会长，领导学生运动。投身企业后，他敢于提出问题，通过不断努力，使自己的性格逐渐变得开朗起来。这些经历使他坚信，性格不是固定不变的。（习惯一：主动积极）

连性格都可以改变，还有什么不能改变呢？李明博在自传《绝非神话》中说，许多事情是在行与不行的想法之间徘徊的。认为不行的人，脑海里只充满了不行的可能性和理由；而认为行的人，即使只存在1%的可能性，他也会抓住这个希望不放。即使没有这1%的可能性，哪怕是100%要失败的事，面对它的人也会从中获得经验，而没有努力过的人什么也留不下。我用50∶0的比率来计算这种差异，对任何事都要以积极的挑战意识去对待的理由就在于此。

正是因为具有这种积极的挑战意识，李明博从没有休过公休日。每天都工作18个小时以上，相当于别人的两倍。这使他在24岁参加工作，29岁当选理事，36岁就任社长，成为现代集团有史以来最年轻的领导人。他也成为韩国少有的仅凭拿薪水而成为亿万富翁的人，被誉为“工薪族的神话”。

在担任现代建设公司CEO时，每当有新职员就职，他都会亲自给他们讲话。他常说：“不要首先判断这份工作是不是适合你，而是要改变性格去适应工作。”他的话立刻遭到一些刚大学毕业、锋芒毕露的年轻人的质疑：

“这不是要改变身体去适应床吗?”

李明博回答说:“你说得很对,这是一种非科学的思维方式,但对成功来说却是非常实用有效的方法。因为世界上没有一个地方能贴出这样的招聘广告——这里给你准备了与你性格完全相符的工作,请到这里来吧!上班族的压力不是来自于工作本身,而是来自因工作而发生摩擦的人。如果一个职员无法得到顶头上司的认可,那他就成不了最后的胜者。希望遇上一个总是肯定自己、引导自己的上司,这种想法是不现实的。因为世界上与你合不来的上司永远多于让你如意的上司。跟现在的上司不和,觉得‘这个样子没法再干下去了’,就提出辞职,再去别的公司,你能保证那里就没有这种上司吗?说不定那里的上司更糟糕。性格不适应就要改变性格。这句话在什么时候都适用。希望更换对方,或想说服对方,是达不到预期效果的。只有具备改变自己性格的能力,你才能克服任何阻碍。如果将对方看成固定不变的物体,这时能动的就只有自己了，结果是你自己成了主人。”

生活中听到最多的总是抱怨：工作太累，工资太少，同事妒贤嫉能，上司顽固不化。每一个理由其实都是在为自己的平庸做注脚。破解这一困境的根本方法，就是打破思维方式的单向性。

记得微软公司面试新人的时候有一道题，问“如何移动富士山”。它难倒了很多人，实际上答案很简单——如果富士山不过来，我就过去。这也就是我们常说的“如果不能改变事实，就改变看法吧”。面对人生的困局，学会站在问题的另一面进行思考，人生就会进入豁然开朗的境界。

不行的人总为自己的不行找借口，那他就一辈子不行，只能在平庸中度过自己的一生。改用一位伟人的话就是，一个不想当总裁的员工不是好员工。说行的人才是生活中的最强者，有不可思议的、改变一切的力量。

要让身体适应床。就如同有些生命力顽强的动物一样，懂得适应环境，调整自己的习惯，最终才能存留下来。没有完全适合你性格的工作，也没有完全对口的工作，我们怎么办？只能不断改变自己，才能使自己获得更大的成功。

选择的权力永远在自己

命运究竟掌握在谁的手中？有人把它归之于天，有人把它归之于鬼神，更有人把它归之于运气。其实命运掌握在我们自己手中，人生需要由我们自己来塑造。

一个人要有理想抱负，要敢于抉择，掌握自己的命运。一次果断明智的抉择，可能就是人生的转折点，未必轰轰烈烈，却能够改变一个人的命运。

谁的人生都需要思考、探索，这是每个人的必经之路。路不是随随便便走出来的，人生也不是在漫无目的中选择出来的，随随便便走只能带来随随便便的人生，漫无目的中做出的选择只能是稀里糊涂的人生。

人生之路常伴随着迷茫，从不知道做什么到确定做什么需要一个过程。最好一次性找到自己的目标，如若不然，也要从再多试几次中找到与自己相适应的职业，发挥自己的才智。

千万不能做自己不感兴趣的事情和定下不适合自己的目标，强行之则徒然浪费时间与精力，不但做不出成绩来，更不利于自己的成长。

而一旦找到目标之后，还要掌握为实现这个目标所具备的相应能力，否则梦想只能变成空想，从画里看到的花，永远闻不到花儿的芬芳香气。

很多人在职场之中很盲目，不知道自己究竟该做些什么，自己究竟擅长哪方面工作。有时候眼高手低，这也不想干，那也不想干，最后就什么都干不成。

惠普前总裁孙振耀先生曾经对“工作与人生”这个话题，表达了看法。通过阅读孙振耀先生的感言，可以帮助大家理解习惯一（主动积极）。

我们每天做得最多的事情，其实是选择。因此在谈职业生涯的时候不得不提到这个话题。

我始终认为，在很大的范围内，我们究竟会成为一个什么样的人，决定权在我们自己。每天我们都在做各种各样的选择，我可以不去写这篇文章，去别人的帖子拍拍砖头，也可以写下这些文字，帮助别人的同时也整理了自己的思路；我可以多注意一下格式，让别人易于阅读，也可以写成一堆；我可以就这样发上来，也可以在发以前再看几遍；我可以选择不刮胡子就去面试，也可以选择出门前照照镜子……

每一天，每一刻，我们都在做这样那样的决定，我们可以漫不经心，也可以多花些心思，成千上万的小选择累计起来，就决定了我们最终是个什么样的人。

从某种意义上来说，我们的未来不是别人给的，是我们自己选择的（习惯一：主动积极）。很多人会说“我命苦啊”“没得选择啊”，如果你认为“去微软还是去 IBM”“上清华还是上北大”“当销售副总还是当厂长”这种难题才叫选择的话，的确你没有什么选择，大多数人都没有什么选择。

但每天你都可以选择是否为客户服务更周到一些，是否对同事更耐心一些，是否把工作做得更细致一些，是否把情况了解得更清楚一些，是否把不清楚的问题再弄清楚一些……

你也可以选择是否在痛苦中继续坚持，是否抛弃自己的那些负面的想法，是否原谅一个人的错误，是否相信我在这里写下的这些话，是否不要再犯同样的错误……

生活每天都在给你选择的机会，每天都在给你改变人生的机会。你可以选择赖在地上撒泼打滚，也可以选择咬牙站起来。你永远都有选择。

有些选择不是立竿见影的，需要累积，比如农民可以选择自己去浇地，也可以选择让老天去浇地，诚然，你今天浇水下去，苗不见得马上就长出来，但常常浇水，大部分苗终究会长出来；如果你不浇，收成一定很糟糕。

每天生活都在给你机会，它不会给你一叠现金，也不会拱手送你个好工作。但实际上，它还是在给你机会。

我的家庭是一个普通的家庭，没有任何了不起的社会关系。我的父亲在大学毕业以后就被分配到了边疆，那个小县城只有一条马路。他们那一代人其实比我们更有理由抱怨，因为他们什么也没得到。年轻的时候书都没得读，然后支援边疆、插队落户，等到老了，却要给年轻人机会了。父亲他有足够的理由像成千上万的青年那样，坐在那里抱怨生不逢时。然而在分配到边疆的十年之后，国家恢复招考研究生，他考回了原来的学校。研究生毕业后，他被分配到了安徽一家小单位里。又是三年以后，国家招收第一届博士生，他又考回了原来的学校，成为中国第一代博士，那时的他比现在的我年纪还大。（习惯一：主动积极）

生活并没有放弃父亲，他也没有放弃生活。十年的等待，他没有放弃，他没有破罐子破摔，所以时机到来的时候，他改变了自己的人生。

你最终会成为什么样的人，决定权就在你做的每个小小的选择之中。你选择相信什么？你选择和谁交朋友？你选择做什么？你选择怎么做……我们面临太多的选择，而在这些选择当中，意识形态层面的选择又远比客观条件的选择来得重要得多。

比如选择做什么产品其实并不那么重要，而选择怎么做才重要；选择用什么人并不重要，选择怎么带这些人才重要。

大多数时候选择客观条件并不要紧，大多数关于客观条件的选择并没有对错之分，要紧的是选择怎么做。一个大学生毕业了，他要去微软也好，他要创业也好，他要做游戏代理也好，只要不犯法、不害人，都没有什么关系，要紧的是，选择了以后，怎么把事情做好。

除了这些，你还可以选择时间和环境。比如，你可以选择把这辈子最大的困难放在最有精力的时候去克服，也可以走一步看一步，等到了 40 岁再说。只是到了 40 多岁，那正是一辈子最脆弱的时候，上有老下有小，如果在那个时候碰上了职业危机，实在是一件很苦恼的事情。

与其如此，不如在 20 多岁、30 多岁的时候吃点苦，好让自己脆弱的时候活得从容一些。你可以选择在温室里成长，也可以选择到野外磨砺；你可以选择在办公室吹着冷气工作，也可以选择在 40℃ 的酷热下，去见你的客户。只是，这一切最终会累积起来，引导你走向你应得的未来。

我不敢说所有的事情你都有选择的余地，但是绝大部

分事情是有选择余地的，只是你往往不把这当作一种选择。认真对待每一次选择，才会有比较好的未来。

命运由谁来决定？我们自己。选择的权力永远在自己。

一个人究竟选择什么样的职业，和要选择什么样的人生有关系。有些人就喜欢下班按时回家，看看书、听听音乐，这也挺好。但他不适合找个销售的工作，否则会是折磨自己。有些人就喜欢出风头，喜欢成为一群人的中心，如果选择做财务工作，大概也干不久，因为老板一般不喜欢财务太积极，也不喜欢财务话太多。

一个人要先想好自己要过怎样的人生，再决定要找什么样的工作。很多不快乐，其实是源自不满足；而不满足，很多时候是源自于心不定；而心不定，则是因为不清楚自己究竟要什么；不清楚想要什么的结果，就是什么都想要，结果什么都没得到。

我们是因为生活而工作，不是因为工作而生活，生活是最要紧的，工作只是生活中的一部分。我总觉得生活的各个方面都是相互影响的，如果生活本身一团乱麻，工作也不会顺利。所以要有娱乐，要有社交，要锻炼身体，要有和睦的家庭……最重要的是要开心。

如果你做得越来越不开心，那你为什么还要工作？人还是要让自己高兴起来，让自己的心态好起来。这种发自内心的改变会让你更有耐心、更有信心、更有气质、更能包容……否则，看看镜子里的你，你满意吗？

唤醒自己心中的“天使”

关于人的本性，有“性本善”和“性本恶”这两种理论，这两种理论都只看到了事物的一个方面。实际上，这两种本性在人身上是并存的，人本身就是“善”和“恶”的对立统一。“善”的一面我们称之为“天使”，“恶”的一面我们则称之为“魔鬼”。

当我们面临人生中大大小小的选择的时候，特别是面对负面刺激的时候，如果我们主动积极，就会唤醒自己心中的“天使”，给我们带来美好和幸福；如果我们被动消极，那么心中的“魔鬼”就会被唤醒，导致灾难性的后果。究竟唤醒“天使”还是“魔鬼”？如何唤醒他们？全靠人的一个习惯——自我审视（习惯一：主动积极）。如果能够利用人类的四大天赋——自我意识、想象力、良知和独立意志，进行自我审视，我们就会唤醒心中的天使，做出更正确的选择。相反，就是放任心中的“魔鬼”跳出来，给这个世界带来混乱和灾难。

自我审视的方法很简单，当我们面对负面刺激（如心情郁闷、感到愤怒、怨天尤人、恶语伤人、无法自制，甚至想要出手打人）的时候，请闭上你的眼睛，深吸一口气，调动你的四大天赋：调动自我意识让我们知道我们现在在做什么，调动想象力让我们知道这样做将会产生什么样的后果，调动良知让我们知道应不应该这样去做，调动独立意志让我们做出正确的选择。当我们闭上外在的眼睛的时候，我们就睁开了自己心灵的眼睛。如此坚持一分钟，你心灵中的“天使”就会被慢慢唤醒，来帮你做出正确的选择。我们将这个方法简称为“闭眼一分钟”练习。

当然，当人突然遇到重大的情绪问题和感情问题的时候，要学会跳离目前的环境，利用上述的人类四大天赋来审视自己，来唤醒自己心中的“天使”。如何跳离？到海边，到山巅，到那些令人心旷神怡，能让人入静的地方去自我审视就是一种很好的做法。如何做？我们可以通过以下四步来让自己跳离出来：第一，聆听大自然的声音；第二，回顾过去的美好情景和动机；第三，去到将来来审视现在的一切；第四，做出正确的选择。我们将这个方法简称为“自我审视四步法”：聆听自然—回顾过去—去到将来—选择现在。

珍惜你的现在，把握你的未来。我陷入低谷，不代表我气馁；我高姿态，不代表我骄傲。审视自己，调整心态，不断地自我审视，才能有正确的自我认知，才能做得更好，生活得更开心，于人于己都有益处。

天使的力量是主动积极的，是善的。他会为我们自己的生活带来美好，也会为别人的生活带来阳光。出现问题时，只要你的心里拥有天使的力量，积极主动面对问题，哪怕心里点着蜡烛，或者是有美丽的萤火虫在飞舞着，天就永远不会黑！

改变自己，控制自己的心灵，唤醒你我心中的天使，影响别人，共同编织和谐美满的人生！

做团队中的“太阳”

日常生活中，我们经常看到积极和消极两类人。积极的一类叫做“太阳”。他们说话常常使用积极主动的语言，做事随时给人以主动积极的印象，能随时发现别人身上的优点，并给别人以正面的启发和指引。一旦碰到沮丧和彷徨，只要跟他谈一谈，他就好像可以给你“赋能”似的，让你马上振作和兴奋起来。

消极的一类叫做“黑洞”。他们说话则经常使用消极被动的语言，做事随时给人以被动消极的印象，会随时关注别人的缺点并给别人以负面的压制和打击。即使你斗志昂扬、信心百倍，一旦跟他谈话、接触，他就好像把你所有的能量给“吸收”了一样，你立刻就像一个泄气的皮球，垂头丧气了。

这两类人，在我们的日常生活中存在，在我们的家庭中也存在，在我们的工作场合仍然存在。我们自己属于哪种人呢？

我们要做哪种人呢？下面是一个生活中的例子。

假设你今天请一个人吃饭，你都事先点好菜了，等了很久他还不来，他来了之后大家才开始吃饭。

首先上来的是一道鲫鱼汤，他淡淡地说："这道汤腻了点。"接着上来的是一道秘制辽参，他说："这道菜吃起来味道一般般。"再上来的是一道清蒸水鱼，他说："怎么净点这些难吃的东西啊？"最后上来的是一盘时蔬八宝，他说："这个菜太土了。"

这样吃完一顿饭，你心里是一种什么感觉？花了钱心里还不爽！

相反，如果另外一个人，他提前5—10分钟就赴约了。第一道菜是鲫鱼汤，他虽然不是太喜欢，但他还是跟你说："这个汤好鲜啊！"接着上来的秘制辽参，他说："这个味道挺好！"再上来的清蒸水鱼，他说："太好了，你怎么知道我喜欢吃这个呢？"轮到最后的时蔬八宝时，他说："这真是一个蔬菜大集会，身体一下子可以补充多

种维生素，太好了！你真是会点菜！”

这样的人，你又会是什么感觉？恨不得下次再请他吃一顿，是不是？

实际上，我们的家庭也是如此，很多大人平时不知道发现小孩子的长处并表扬他们，反而看到的全是孩子的缺点。长此以往，孩子在不断地“被否定”中长大，他一看到大人就感觉到沮丧，就像一个泄了气的皮球，所以导致他很叛逆，很不听话。走向社会之后，这样的性格将被带向社会，影响他的一生。他的人生脚本就这样被不称职的父母写定了。

职场上更是如此。那些懂得使用积极主动的语言的人，不管他是你的同事还是你的上下级，就如同太阳一样，照到哪里哪里亮，很多人愿意跟他合作共事。与这样的人一起合作，能充分爆发自己和团队的力量，获取好的业绩。所以主动积极的语言能被引入到现在很有效、很流行的教练式管理上，你会发现，一个好的上司就是一个好的教练。下面是一个工作中的例子。

2008 年北京奥运会射击比赛上，郭文珺凭借决赛中出色而稳定的发挥揽下女子 10 米气手枪冠军。但比赛的上半场，她发挥得并不出色。

中场休息的时候，主教练王义夫给她做了一次现场指点。下半场，郭文珺出色而稳定的发挥让自己傲然夺冠。记者很好奇，问她为何在与教练谈话前后区别那么大，到底有什么秘诀。

郭文珺淡然回答："我只是请教了王教练两个问题而已。"记者围住郭文珺追问："什么问题？教练又是怎么回答的？"

"嗯，我就问他我上半场打得怎么样。他说，比想象的要好。然后我就问教练，下半场我还有什么不足的地方要注意。他说，现在不是看缺点的时候，而是想想还有哪些优势没有发挥。"

王义夫就是一个聪明的教练，他像一个太阳一样，可以给运动员"赋能"。在关键时刻，他的几句话，就让一个运动员立即振作起来。

相反，当下属或者同事碰到了困难和问题的时候，如果我们不能以主动积极的语言去沟通，会是一种什么样的结果呢？让我们看看下面这个真实的例子。

我有个朋友是个销售团队的 leader。他曾经告诉我，他的团队有个新入职的员工令他很头痛，似乎很想干事，却老像只没头苍蝇一样乱冲乱撞。

一次“五一节”放假前，他还打电话与一个客户约时间。电话被我这个朋友听到了。他就把这个小伙子叫过来训了一顿，说：“你懂不懂一点点常识啊，人家放假都要休息的，你反倒约人家，今后你的工作会越来越难做的！”

在上面的这个案例中，这个销售团队的 leader 的做法就是错误的。因为他不会运用积极主动的语言去和下属沟通，而是劈头盖脸一顿训斥，致使被批评的那个小伙子萎靡不振了一个多星期。

批评的方式有两种。一种是摆出高高在上的姿态，给予犯错者疾言厉色的批评。因为对方的地位低，迫于上级的压力，不得不改正错误，但是这种批评方式造成的后果是“错了不认，认了不改，改了不服，不服也不说”。

一种是循循善诱式的批评，即采用迂回的方式给予犯错者正确的引导，让他从内心深处认识到自己的错误，自己为自己的错误买单，这样员工才能学会想事、做事，也才能够帮你成事。

实际工作场合，懂得使用主动积极语言的“太阳”，和不懂使用主动积极语言的“黑洞”就有这么大的差别。主动积极地做团队中的“太阳”，才能让团队越来越强，你才能从团队中脱颖而出。

【想事—做事—成事】

1. 人生就是一系列的选择，回忆自己身上发生的一件事，以及处理这件事的方式——是积极选择还是默然放弃？理清积极正确选择的意义。

2. 如果你有很多的生活畅想，想赚钱买房，想做好工作、尽快升职，想和家人出门旅行……结果却都不能如愿。那就把自己的能力和行动力列出来，看看自己是“行动的矮子”还是“口号巨人”。

3. 你在团队中是“黑洞”还是“太阳”？如果是“太阳”，那你的人际关系状况如何？

4. 将团队成员或是客户的信息整理一下，看看你是否了解他们，有哪些方面是你可以完善的，从而使彼此的关系日益融洽。

习惯二：以终为始

HABIT 2：Begin with The End in Mind

亲爱的朋友，你可曾有过人生的迷茫，可曾对教育孩子和管理团队感到头痛和迷惑？你可曾想过3天内学会游泳，5年内拿到30万年薪乃至成为百万富翁甚至亿万富翁？可曾想过如何摆脱蜗居状态，脱离蚁族？你可曾想过更快地改掉自己的一些坏毛病，或者说更快地战胜一些困难、更高效地实现一些既定项目的目标？

《高效能人士的七个习惯》中有一个习惯就可以帮助你轻松解决这些问题，这就是习惯二：以终为始。本章的几个案例就是围绕这方面来选的，通过举一反三，相信你一定可以在更广泛的领域中找到这个习惯的用武之地。

让我们先对这个习惯进行一次概览：

这是一个自我领导的习惯，一个关于使命和愿景的习惯。这个习惯告诉我们要在思想上树立以下原则：

PRINCIPLE（原则）：心智创造先于实际创造。

SEE（想事）：我设计我的人生。

行动上要学会以下方法：

DO（做事）：行动之前先展望结果；创造个人使命宣言并以它为人生蓝图。

最后我们就会收到如下的效果：

GET（成事）：做自己一直想做的事，完成自己的夙愿；在工作和生活中拥有更强的目的性和成就感。

这其中有一些重要的东西值得与大家分享：

凡事都要经过两次创造——头脑中的心智创造和实践中的实际创造，如果你能在实际创造之前先有一个清晰的心智创造，那么你做事就会有事半功倍的效果。

我们的人生更需要两次创造，更需要以终为始，但是究竟有多少人清晰地知道自己的人生使命呢？如果没有清晰的人生使命，我们的人生与一叶在大海中随波逐流的扁舟又有什么区别呢？

这里告诉大家一些简单的方法，帮大家找到自己的人生使命，按照下面几步操作：

第一，找一个安静的地方，问自己四个基本的问题：What do I want to be？To do？To have？To leave？（我想要成为一个什么样的人？我想要做什么？我想要拥有什么？我想要给这个世界留下点什么？）并将这些答案写下来。

第二，找出自己解决上述四个问题所必须扮演的重要角色。

第三，想一想 80 岁生日时，你希望与你有重要关系的人如何给你致贺词。如果感觉太遥远，你可以把它分解为 30 岁生日法、50 岁生日法等，可以灵活运用。

第四，把它整理成一个表格。

这样我们就有一个初步的人生使命了。但是不能忘记人生使命的实现不是一蹴而就的，还需要在实践中不断地对其加以完善。

下图是一个学员课后发给我的一个人生使命宣言，拿出来供大家参考。注意请保留这个范本，这将是养成后面所有习惯的一个指南针。

我的人生使命宣言

使　命	达成这一使命的重要角色	80 岁生日时我希望得到的他的祝辞
我想成为一个受人尊敬的人，为此我想拥有美好的家庭，我想拥有自己的别墅，我想给这个社会留下自己的一本著作，留下一笔基金以帮助我想帮助的人。我选择做职业经理人或岗位专家，这可以帮我达成这个使命	下属—领导	这小子能干！
	经理—下属	跟着您干，值！
	讲师—学生	听您的课，真有收获！
	儿子—（岳）父母	你是我们的好儿子！
	父亲—子女	我有一个好爸爸！
	丈夫—妻子	下辈子还跟你！
	……	
	……	
	……	

当然，人生使命宣言可以有多种形式，比如诗歌、座右铭等，关键是只要你看到它就能找到人生方向所在，就感觉自己有用之不竭的力量。

有目标，才有奋斗的方向

我们知道以终为始对我们高效能地做成一件事是十分重要的，任何事情都需要以终为始：一次会议、一个项目、3 年后想要成为什么样的人、5 年后想要拥有什么等。事实上，我们的人生也是在做一件事——我们生命中最重要的一件事！

那么我们要问：我们的人生是以终为始的吗？我们有明确的人生目标或人生使命吗？如果答案是否定的，那你一定会在人生的大海上迷失方向、随波逐流。但从现在做起还不迟，回顾一下我们在这个习惯的概要里所学到的制订人生使命宣言的方法，我们来给自己的人生制订一个使命宣言。

以下就是一个学员学过《高效能人士的七个习惯》之后对自己人生使命的思考过程。在这个思考过程中，他充分运用了人类的四大天赋——自我意识、想象力、良知和独立意志，有点海子《面朝大海，春暖花开》的诗意。写在这里供大家参考。

如果世界只有一年时间

我希望大家忘记我

忘记我在公司所有的一切

忘记我的职位

忘记我的工作

包括我的成绩、我的奖项、我的成功、我的付出

我会拒绝一切自我宣传

不想成为别人的例子

我会找一个没人认识我的地方

做些工作以来我忽略的事情、我错过的事情、我还没做过的事情

还有我没关心的家人、朋友、社会上的事情……

如果世界真的只剩下一年时间

我一定会随身带着酒壶
周游列国
笑看人生百态
不沉思
不让自己处于这种虚假的生活中
如果世界真的只剩下一年时间
我会把自己燃烧
保护我的家人
在公司工作以来
我给他们的时间太少
特别是对我爸、我妈的关心不够多

有时压力大
反而让他们关心我，担忧我
如果世界真的只剩下一年时间
我想我会每天和朋友一起
特别是

在我烦闷时和我一起喝酒
在我任务未完成时给我帮助
在我开心时与我分享
在我痛苦时一起度过的所有朋友
再把酒当歌、笑傲江湖
笑看一些在社会上不思进取的人
也笑看一些奇人异事
如果世界真的只剩下一年时间
我会放空思维
不回顾自己之前所做的一切
就当做了一场噩梦
好好珍惜最后的时间
不去海边
那里太煽情
不去高山
那里太危险
我会和义工团的人们
一起去做最后一件可以帮助到困难群众的事情
或许我会在那里待着
反正就是不想大家认识我

梦想决定你能走多远，目标决定你能有多大成就。人必须找到自己的愿景、价值、责任、人生使命。没有目标的人生，只是浑浑噩噩的人生。

人，要以自己的人生目标来确定奋斗的方向。无论处于何时何地，无论遇到何人何物，都必须遵守这一原则，牢记自己的人生目标，每天都向着这一目标奔跑。

以终为始说明在做任何事情时，都要认清形势，确定目标。很多人在人生的路上误入岔路口，就是因为目标不明确，忙忙碌碌一场空。很多人在物质上富足后，精神上反而更加空虚，甚至腐败堕落，就是因为欲望覆盖了良知，财富遮蔽了原有的人生使命，最终得到了名利，失去了自己。

人生有了明确目标，就会激发出主动积极的力量，充分利用自己的能力才华，在目标指导下，实现短期愿景和长期计划。

个人使命宣言明确了，才能面向大海，人生路上才能春暖花开。只要心中持有永不改变的真理，就能在任何环境中不变本色。正所谓“君子本立而道生”，有了使命，就会以不变应万变，以原则价值来面对变化的环境。

附：海子《面朝大海，春暖花开》

从明天起，做一个幸福的人
喂马，劈柴，周游世界
从明天起，关心粮食和蔬菜
我有一所房子，面朝大海，春暖花开

从明天起，和每一个亲人通信
告诉他们我的幸福
那幸福的闪电告诉我的

我将告诉每一个人

给每一条河每一座山取一个温暖的名字
陌生人，我也为你祝福
愿你有一个灿烂的前程
愿你有情人终成眷属
愿你在尘世获得幸福
我只愿面朝大海，春暖花开

百万年薪是怎样炼成的？

你想过如何在5年内拿到30万年薪吗？对于大多数人来说那是天方夜谭，根本不可能。但这个世界上没有不可能的事，一切皆有可能，只在于你敢不敢想，更在于你敢不敢做。

你的想法是5年内拿到10万，那你只能拿10万，因为你心中的理想就是10万。奇迹永远属于敢想敢做的人，“力拔山兮”才能够“气盖世”。

职场中人要通过“以终为始”来确定自己的目标，才能实现高效能，实现自己的理想。结合职位规划和公司的薪酬体系，将百万年薪分阶段实现。假如第一步先实现30万（或者10万）年薪的理想，那么，你会怎么做？不妨先看看成功人士的做法，借鉴成功经验。以下是朋友的亲身经历。

> 几年来，我带过大客户室、区域服务营销中心等这样少则百余人，多则三四百人的大团队。日常工作中我经常会问大家一个问题：“在5年内拿到30万年薪有可能吗？”（习惯二：以终为始）
>
> 乍一问，有些人还真被这个问题问懵了。因为这些员工，大多是社会化员工，以五级和六级的客户经理为主，或者是刚刚分配来的大学毕业生，实习期还未满，能有年薪三四万已经不错了，30万年薪对他们来讲简直就是个天文数字，怎么敢想？但是在我的启发下，他们逐渐明白了拿到这样的年薪是可能的，甚至给我举出例子——刚毕业的大学生只要到思科这样的公司，作为一个销售人员一转正就能拿到30多万年薪等。这说明他们已经不仅在心理上认同了我的目标，而且是已经找到了自己目标的“转型人”。接着，我会跟他们分门别类分析每类“转型人”的必要条件：比如要成为外企的一个高级销售人员，你必须具有技术背景、优秀的销售业绩等，那么你就要向

着弥补自己“短板”的方向努力。

接下来的实践就是自己的事情了。因为作为一个教练，只能给学员提供机会，提供方法，而不是什么事都要手把手地教。记得当年有个女同事，只有中专文凭，但她确实是个优秀的客户经理。当年公司为了给一线客户经理树立一个典型，打破“转正必须是本科”的这个惯例，计划给一个优秀的非本科的客户经理转正。当时她也在初选者之列，但到部门横评时，另外一个同样优秀的女孩子比她早一步攻读完了大专，最后只能是那个女孩子入选。

这个女同事很沮丧，我结合她的情况进行分析：努力勤奋，工作能力没有问题，工作业绩、上下级关系没有问题；唯一阻碍她发展的可能就是学历问题，因为公司优秀的人太多了。她当时已经快拿到大专学历了，我鼓励她要在两年内拿到本科学历，把它作为自己的“终”，向此发起进攻。

如今她已经拿到了本科学历，前一段时间我看见她的

时候，她已经转正了，而且还是一个优秀的组长。

这样的例子还有很多。有的当年只是实习员工，而今不仅得到了提拔，而且提拔得很快，有的甚至被提拔到很重要的岗位上，有的已经活跃在集团、省市公司的重要部门，超过了当初大家一起设定的目标。这一切要归功于他们自己的努力和以终为始的习惯。

近段时间，我在带领一个为期一个月的专门的项目攻坚团队。可以说他们是公司的“敢死队”，队员全部是清一色的社会化员工，最高的也就六级。为了激发大家的拼劲，我再次问起了这个问题，他们同样是先惊诧后认同，慢慢找到了自己的“转型人”——我要立足于现在这个突击队的工作，在 35 岁之前成为一个优秀的销售人员，并且拿到本科学历，铸就优秀的基础背景，或者明年挑战公司的一个专题项目，这样 30 万年薪的目标是可能实现的！

如今这个项目即将结束了，可以骄傲地告诉大家，我们这个项目团队以绝对的领先优势名列全公司第一！

实现30万年薪的目标，对我来说则是一个漫长的自我探索过程，因为当时没有一个这样的教练来指导。我毕业后曾经是摩托车行业的一个销售人员，当时能有三四万元的年薪已经感觉很不错了，每天提着行李住招待所，搭火车，乘汽车，坐轮船，甚至搭老农驴车的经历都有过。而今想起来，年轻时候能有这样一段经历也是人生的一笔宝贵财富。但是在实际工作中我发现，我们这个行业的销售人员就只能搭火车、汽车，住招待所，但是有个行业的销售人员——化妆品行业的销售人员，却可以住星级酒店，搭飞机。我觉得这是行业的利润率不同所带来的必然结果，所以我当时就把跳入化妆品行业做销售人员作为自己的一个终极目标（习惯二：以终为始），达成这个目标的唯一措施就是努力做好自己目前的工作，以便能够胜任未来的岗位。

一个有目标的人，上帝都会照顾你，机会只留给那些有准备的人。一个港资的化妆品集团招聘，我竟然顺利通过了这个面试，成了自己心仪已久的化妆品行业的销售人员。由于是自己满意的岗位，当然会爆发出超乎常人的能量，所以在这个公司我很快就得到了老板的赏识，成为公司的销售总监。1995年，我的月薪终于达到了1万多元，那时候我买了自己的第一套房子，实现目标的感觉真好！

然而，我引以为豪的工资待遇在另一个行业的工作人员看来竟然是不屑一顾，这个行业就是处于垄断或者寡头垄断状态，被统称为信息产业的电信行业以及互联网行业。这个行业之所以有高于普通行业的利润率、工资，拥有垄断地位只是其中一个方面，更重要的一个方面是这将是一个朝阳产业，信息化浪潮将席卷所有其他产业。我把进入这个行业作为自己的下一个工作目标（习惯二：以终为始）。对于一个学管理的学生来讲，这谈何容易？我意识到我要在技术背景和学历方面做好准备。

因此在1997年，我毅然考入了MBA，2000年毕业之后我就到广州来，三年间对互联网和信息产业多有关注，并把自己的毕业论文定位在这个行业最前沿的电子商务方面。2001年，我如愿以偿进入移动公司。

如今我知道另外一个更高的目标在召唤我，过去的经验已经教会我怎样做：

1. 倾听自己心灵的声音，把它写出来。

2. 找到这方面的转型人，装在自己的心里，让他时刻来带领自己。

3. 脚踏实地去做。

4. 30 万（10 万）年薪的目标实现后，向下一个阶段奋斗，直到达到 100 万年薪。

——这就是以终为始！

只有自己才能最清楚地认识自己，明确自己的目标，知道自己究竟要做些什么。倾听自己心灵的呼唤，把它写出来，让它成为你的动力之源。

马云建立阿里巴巴时，报纸上发表了一篇文章。作者认为，马云和阿里巴巴没戏。可马云的答案是永远相信自己，走自己的路，让别人去说吧。马云不是盲目地自信，他是有目标的。他制订了两个目标：一是仔细倾听顾客的心声；二是保持绝对的专注，“就盯着一只兔子不放”。在这些目标的指引下，马云成功了。

确定目标就不放松，在 5 年内，30 万年薪的理想或许就会实现。那么，继续坚持，离百万年薪还会远吗？

一个人确立了目标，就要有实现目标的相应能力。或许你自身存在着能力的短板：学历不够，专业水准不高，销售能力不行，又不懂得沟通等。这就需要你不断地努力提高自己，转变自己，克服短板，把克服缺点作为自己的“终”，向缺点发起猛攻，使自己变得更加优秀。

为梦想“分期付款”

摆脱困境真的不容易吗？梦想与行动要怎样才能完美地结

合在一起呢?

高房价问题确实是目前的一个社会问题。面对同样的负面刺激，当有些人在抱怨房价过高，认为高房价是人生中一个不可跨越的坎，情绪上受制于人的时候，有些人则在主动积极地发挥自己的主观能动性（习惯一：主动积极），以终为始地想出了很多办法（习惯二：以终为始）。

下面的案例，或许会给那些一直在为高房价而苦恼的朋友们提供一些有益的启示。

一个青年在街上擦皮鞋，一天最多能擦 30 双。除去鞋油和吃饭的开销，最多剩下 20 元钱。他想，如果买下对面那栋楼，至少要擦 500 年；假如组织 500 人擦皮鞋，向他们每人每天收 4 元，5 年后不就可以买那栋楼了吗？于是，一个擦鞋公司诞生了。5 年后，他果然买下了那栋楼。

请你不要以为这是一个杜撰的故事。这不仅是一个真实的故事，而且故事的主人公还是我的一个朋友，他来自四川的一个偏远农村。当初到广州的时候，他是一个只有高中文化、穷得连创业启动资金都没有的人，现在他已经是一个遍布全国的美鞋连锁机构的董事长，一个亿万富翁了。

现在很多白领，论学历、论文化、论资金基础，哪一点都会比我这个朋友强，从这个角度来看，你还会认为脱离困境很难吗？其实学会转变思维，确定目标，你也能够成功。如果你还是没有醒悟过来的话，我再告诉大家一个真实的例子：

1968年的春天，罗伯·舒乐博士决心在美国加州建造一座水晶大教堂。

他向著名的设计师菲力普·强生说出了自己的梦想："我要建造的不是一座普通的大教堂，而是要建造一座人间的伊甸园。"菲力普·强生问他："预算需用多少钱？"罗伯·舒乐博士坦率而明确地回答："我现在一分钱也没有，对我来说，100万美元还是400万美元的预算没有本质上的区别。我最想让大家认可我的梦想。"

后来，水晶大教堂的预算初步定为700万美元。这700万美元对当时的罗伯·舒乐博士来说，不仅超出了他的承受能力范围，而且也超出了众人的承受能力范围。

当天夜里，罗伯·舒乐博士拿出一页白纸，在最上面写下"700万美元"，接着又写下10行字：

1. 寻找1笔700万美元的捐款。

2. 寻找7笔100万美元的捐款。

3. 寻找14笔50万美元的捐款。

4. 寻找28笔25万美元的捐款。

5. 寻找70笔10万美元的捐款。

6. 寻找100笔7万美元的捐款。

7. 寻找140笔5万美元的捐款。

8. 寻找280笔2.5万美元的捐款。

9. 寻找700笔1万美元的捐款。

10. 卖掉1万扇窗户，每扇700美元。

从此，罗伯·舒乐博士踏上了漫长的募捐生涯。

到60天的时候，富商约翰·可林被水晶大教堂奇特而美妙的模型所打动，罗伯·舒乐博士得到了第一笔100万美元的捐款。到65天的时候，一位听了罗伯·舒乐博士演讲的农民夫妇，捐出了1000美元。

到90天的时候，一位被罗伯·舒乐博士百折不挠的精神所感动的陌生人，开出了一张100万美元的银行支票。

到8个月的时候，一名捐款者对罗伯·舒乐博士说："如果你能筹到600万美元，那剩下的100万美元就由我来支付。"

1969年，罗伯·舒乐博士以每扇窗户500美元的价格请求美国人认购水晶大教堂的窗户，付款的方法为每个月50美元，10个月分期付清。实际情况比预想的要好得多，还不足6个月，10000多扇窗户就被全部认购完毕。

建造水晶大教堂一共用掉了2000万美元，比最初预算多得多，全部是罗伯·舒乐博士一点一滴筹集来的。

1980年9月，历时12年，可容纳10000人的水晶大教堂全部竣工，成为世界建筑史上的一个奇迹，也成为世界各地前往加州的人必去瞻仰的胜景——一座名副其实的人间伊甸园。

后来，罗伯·舒乐博士经常这样讲："不是每个人都应该像我这样去建造一座水晶大教堂，但是每个人都应该拥有自己的梦想，设计自己的梦想，追求自己的梦想，实现自己的梦想。"

目标一旦确定，行动就随之到来，梦想就会与成功完美地结合在一起。一个人一生最大的悲哀，就是没有理想，没有成功，也没有失败。生命的痛苦不是平淡，而是平庸。

案例中的罗伯·舒乐博士完成了一个常人所不能完成的梦想，建造了一个伟大的工程——人间的伊甸园。

其实这世界上的事情最容易做到的就是放弃，最大的失败也是放弃。很多人不敢坚持梦想，甚至根本就没有梦想，所以无法取得最后的成功，也无法体会经过艰辛后成功的喜悦。

《马云管理日志》中提到，一个人最富有的时候是你拥有梦想的时候。因为梦想中孕育着财富，孕育着未来，你就是你想要成为的那个人。

梦想是生命的灵魂，是心灵的灯塔，是引导人走向成功的信仰。有了崇高的梦想，只要矢志不渝地追求，梦想就会成为现实，奋斗就会变成壮举，生命就会创造奇迹。

学习能力，让你3天内学会游泳？

以终为始这个习惯的更广泛的应用和更大的威力，表现在任何事情都要经过两次创造，首先是心智创造，其次才是实际创造。只要你这样做了，你事业成功的几率和人生的效能一定会大大提升。

人往往受生活轨迹的影响，人生的剧本源于早年的经历、所受的教育或者外界条件的制约。这种影响甚至会让你养成某些习惯，使你对某些刺激性的事物产生条件反射。这种反射有良性的，也有恶性的。比如说有人依赖性强，在任何环境下都不喜欢独立；有人意志坚强，在任何环境下都能克服困难。

恶性的条件反射往往会影响人的一生，使人无法超越自己，限制人的想象力和创造力，无法释放潜能。

如何在3天内学会游泳？乍一听，大家是不是觉得这是一件不可能的事？我再次以我教学生的亲身经历向你保证，按照以下做法你一定可以在3天内（每天2—3个小时）学会蛙泳！但学好则必须要靠苦练！

我们先以终为始设想一下，一个会蛙泳的人必须解决哪些问题？我通过观察和实践得出的经验是：

1. 怕水的问题。初学者总是怕水，总是疑惑人怎么能在水上浮起来，一旦掉到水里呛几口水怎么办？因此越怕越没有信心，越没有信心就越学不会，如此形成了一个恶性循环。

2. 呼吸的问题。解决了怕水的问题后，如果你不会换气，也能游一段距离，但是换气才使得你能游得更远！

3. 腿脚配合，划水前进的问题。

解决怕水问题的方法：屏住呼吸，四肢打开，趴在水面，这样人在水面上是掉不下来的。重复这个简单的动作，就能消除自己怕水的心理，树立学会游泳的信心。

解决呼吸问题的方法：其实蛙泳的换气很简单，就是在水里把气吐出来。吐完的时候就抬头出水，靠自然的空气压力将空气压进口里、肺里，然后再低头入水，把交换后的空气吐出来。如此往复，每呼吸一次算作一个练习。方法很简单，但是贵在练习。

解决划水问题的方法：手脚配合，看看别人就懂了。实际上只要解决了前两个问题，你胡乱划水都是可以游得动的！

3 天内由不会游泳到学会蛙泳是个想事、做事、成事的过程，是从心智创造转型到实际创造的过程。怕水是过去的习惯造成的一种束缚，这种束缚带来的结果就是“越怕越没有信心，越没有信心就越学不会”，最后就造成了一种恶性循环。

从不敢下水到敢下水，经过一次心智创造，改变原来的思维定势。再经过实际创造——下水，最终学会了蛙泳。

人生往往也需要“3 天内学会游泳”这种改变，不能总拘泥于固定的模式，遇到问题时，换种思维方式会更好些。

有一个时装店的经理不小心将一条高档裙子烧了一个小洞，致使这条裙子的价格一落千丈。如果用织补的办法进行补救，可以蒙混过关，但那是昧着良心欺骗顾客。

这位经理看着烧破的裙子，为寻找解决之道绞尽脑汁。最终，他突发奇想，打破了思维定势：在小洞旁边又挖了许多小洞，并精心修饰，将其新设计的裙子命名为“凤尾裙”。结果“凤尾裙”风靡一时，销路大开。

此路不通则走彼路，不要被任何一种思维模式所限制。如果不改变思维方式，那条被烧的裙子只能变成废料。转变思维，并付诸行动，则变废为宝。

条条大路通罗马。目标只有一个，但是通向目标的路不止一条。如果路遇险滩就偃旗息鼓，总是浅尝辄止，那即使成功离你只有一步之遥，它仍然是可望而不可即的。

这世界上唯一不变的就是变化。改变带来行动，行动带来成功。没有什么不可能，只是你不想改变自己的思维模式，在旧的习惯中难以自拔罢了。变则通，通则久，千篇一律地使用一种自以为不可改变的公式到处硬套，就会使事业遭受挫折，或者将本来做得好的事情弄得更糟。

对事情做全面的规划和考量，挖掘出内心深处真正的价值观，做自己人生的“编剧”，改写人生的剧本。拓宽思路，自觉转换思维定势，才能跨越障碍。

粗心大意是病，你要怎么治？

粗心者在工作中往往是“大意失荆州”。做一件事情，不是自己能力不行，而是因为粗心，导致功败垂成。

粗心的人在工作中没有详细的行动计划，而是在混乱的逻辑支配下工作。这就要求粗心的人要养成以终为始的习惯，才能扫清成功路上的障碍。

以下案例是根据一个同学上课时的发言记录整理的，让我们看看以终为始的习惯是怎样帮助他治好粗心这个毛病的。

我是一个十分粗心的人，为此在工作上吃了不少苦头。这里略举几个例子：

由于公司地处广州的 CBD 核心位置，公司的车库位置严重不够。而公司为员工租的免费停车场位置较远，走路一般要 10 分钟，通常我的车都是放在这个停车场。在公司较近的地方（约 5 分钟路程）有一个收费停车场，因为其规模小，所以只是偶尔能找到位置。在一些特殊情况下，我也会将车停放在这个停车场。

一次，我加班结束，离开办公室的时候已经 7 点了。不巧的是天还下着雨，我一出公司办公楼的大门就撑起雨伞，直冲停车场而去，赶到停车场的时候才发现我的车根本不在那里。原来，早上为了赶时间，我就将车停在了离公司较近的那个停车场！想着外面的大雨，听着肚子的咕咕叫声，我简直气得要发疯了——我知道，自己粗心的毛病犯了！

还有一次晚上吃饭，我的部门老板打电话让我帮他带个东西到吃饭的地方。晚宴上人很多，散场的时候已经 9 点多了，因为还要为明早的一件重要的事做准备，所以我就直奔公司加班。在我加班的过程中，我的部门老板再次打电话给我，因为我忘了把东西给他。他让我加完班的时候把东西交给当天值班的保安，他明天一早找保安去拿。我满口答应，转眼又埋头工作了。加完班开车回家的路上，我才突然想起了这个事，不得不重回公司把这个东西交给保安。而这时已经是晚上11点半了。

如此一折腾，等我回到家时已经是第二天凌晨了，当时那种筋疲力尽的感觉，你可以体会得到——我知道我粗心的毛病又犯了！

后来听了史老师的课，我终于明白了凡事都要有两次创造，首先是心智创造，然后才是实际创造。

通过学习，我也知道了如何逐渐养成细心的习惯：

第一，不论是大事小事，都要养成在“实际创造”之前先“心智创造”的习惯。做事要有节奏感，第一件事做完的时候，先要想一下第二件事要做什么（what），做这件事的目的是什么（why），为了达到这个目的要怎么做（how），而不是晕头转向地被事情推着转。

比如下班之后取车这件事，每次加完班之后、回家之前，我要停顿一下，给自己一个清晰的思路。先让自己明确下一步要干什么。我要回家了，回家就得先取车。那我的车今天放在哪里？是在近处这个停车场。这样就不至于再犯那样的错误，又淋雨又挨饿了！

第二，忙中出错也是我粗心的一个原因。比如加班的时候被别人打搅，这时最容易忘掉上级交代过的任务。这样的情况很多人都会遇到，甚至会碰到同时做几件事情的情况。我想这时候更要以终为始，更要首先记住自己的“终”在哪里，以适当的方式让这个“终”进入自己的心智，然后再去“心智创造”。比如，忙碌的时候别人给了一个任务，我们不妨用告示贴的形式把它贴在某一个显眼的地方，提醒自己在做完别的事情的时候去完成它（即进行实际创造)！比如部门老板要我带东西这件事，如果我顺手用告示贴记下了，那就不会出现因为粗心而筋疲力尽，到凌晨1点才睡觉的囧态了！

无论是做大事还是做小事都不能粗心。粗心的人往往以做大事不拘小节为借口，但是小事情、小细节也能决定成败。不把细节当回事的人，对工作缺乏认真的态度，做事情也只能是敷衍了事。

做事情要先经过心智创造，再经过实际创造。粗心的人做事情往往没有节奏感。做事情之前要仔细考虑一下，要做什么，怎么做，做的目的又是什么，而不是拿过来就漫无目的地去做。

有句话叫“0.1%的粗心带来100%的失败”，也就是说一个粗心大意的开始，将导致步步皆错。古语云：“千丈之堤，以蝼蚁之穴溃；百尺之室，以突隙之烟焚。”《细节决定成败》这本书中记载了这样一个故事：

参加招聘会的那天早上，小陈不慎碰翻了水杯，将放在桌上的简历浸湿了。为尽快赶到会场，他只将简历简单地晾了一下，便把它和其他东西一起匆匆塞进了背包。

在招聘现场，他看中了深圳一家房地产公司的广告策划主管岗位。按照这家企业的要求，招聘人员将先与应聘者简单交谈，再收简历，被收简历的人将得到面试的机会。轮到小陈时，招聘人员问了小陈3个问题后，便向他要简历。小陈受宠若惊地掏出简历，这才发现简历上不光有一大片水渍，而且放在包里一揉，再加上钥匙等东西的划痕，已经不成样子了。他努力将它弄平整，递了过去。看着这份伤痕累累的简历，招聘人员的眉头皱了皱，还是收下了。那份折皱的简历夹在一叠整洁的简历里，显得十分刺眼。

三天后，小陈参加了面试，表现非常活跃，无论是现场操作photoshop，还是为虚拟的产品做口头推介，他都完成得不错。在校读书时曾身为学校戏剧社骨干社员的小陈，还即兴表演了一段小品，赢得面试负责人的啧啧称赞。当他结束面试走出办公室时，一位负责的小姐对他说："你是今天面试者中最出色的一个。"

然而，面试过去一周后，小陈依然没有得到回复。他急了，忍不住打电话询问情况。对方告诉他："其实招聘负责人对你是很满意的，但你败在了简历上。老总说，一个连简历都保管不好的人，是管理不好一个部门的。你应该知道，简历实际上代表的是你的个人形象。将一份凌乱的简历投出去，有失严谨。"

这件事给了小陈深刻的教训。从此，他变得细心了。他深切感到，决定事情成败的，有时往往只是一个小小的细节。简历既是进行自我营销的工具，也代表着个人的形象。所以，在应聘时一定要写好简历，更要保存好简历。要展示完美的自己很难，它需要完善每一个细节；但毁坏自己很容易，只要一个细节没注意到，就会给你带来难以挽回的影响。

粗心的人要在态度上端正自己，从心智上改变自己，才能把事情做好。正如李素丽所说："认真做事只是把事情做对，用心做事才能把事情做好。"不要因为一个钉马掌的钉子输了一场战争，小事情上不粗心，大事情上才能做得更加细致。大事情都是由小事情积累而成的。粗心的人做事情要有计划，养成能够克制自己的习惯，找到节奏感，才能充满热情地高效工作。

不为失败找借口，只为成功找方法

1963年，美国西雅图市里奇景小学一个叫汤姆·克鲁索的小男孩，认识了一个叫比尔的小伙伴。从小学时代到中学时代，两人一直保持着密切的友谊。虽然交情很好，但是汤姆·克鲁索一直不喜欢小比尔头脑中经常冒出来的那些异想天开的想法。中学毕业后，两人分别进入不同的学校，时日渐长，亲密的友谊便渐渐在岁月中变得淡薄了。

时隔多年，汤姆·克鲁索成了一个机械工程师，供职于一家机械制造公司。那家公司与政府有密切的联系，相当于我们国家的国企。汤姆·克鲁索的工作压力不大，不用为失业担忧，唯一的遗憾就是薪水不高。此时的他早已忘记了当年整日胡思乱想的小比尔。有一天晚上，他和妻子在一起看电视时，忽然觉得电视里的那个人有些熟悉，思来想去，他不由呆住了，因为那个人居然是多年不见的小比尔，现在的世界首富比尔·盖茨。这个发现让汤姆·克鲁索的心情久久不能平静。有一个问题他一直想不通：为什么当年在学校里不如自己的小比尔竟然能取得这样的成就呢？

其实，这也是我们在现实生活中常常会见到的一种现象：两个人在同一条人生起跑线上起跑，刚开始的时候拥有的资源是等量的，可是比赛的结果却是截然不同的，两人之间甚至会产生天壤之别。这是为什么呢？非常重要的一个原因，是两个人的思维方式截然不同。成功的人，总是能预先设计好未来的蓝图，以此来勉励自己奋发前行。失败的人则不然，他们从来不为自己的人生确定有意义的目标，如同没有船桨的小船一般，入海之后只能随波逐流。

“成功的人都是以终为始的！成功者和失败者、富人和穷人的思维模式不一样。”这是一个成功的女企业家在一个题为“人生规划”的演讲中的开场语。

她画了一张成功者与失败者的思维模式草图来说明成功是一个以终为始的过程（如下图所示）。富有的人都有一个以终

成功者与失败者思维模式

为始的思维模式和行动习惯；而穷人则倒过来想问题，首先看到的不是目标而是问题，所以总是在思维上怨天尤人、在行动上举足不前。富有的人只为成功找方法，而穷人则一开始就只为失败找借口！这是两种截然不同的思维模式，你拥有哪种呢？

从这张图我们可以看出，成功的人都是由上往下想。以“实现百万年薪”为例，他们首先想到的就是这个目标，拥有“我也能做到”的精神和思想。然后结合自己的现实情况，寻

找已经在这一方面成功了的目标人物（转型人），分析他们是怎样成功的，究竟比自己多了些什么值得学习的东西。接着以此为目标，开始不断地模仿、学习其行为和方法，不断接近这个目标，直到最后的超越。他们超于常人的地方是能够将这套思维模式牢记在自己的脑子里，形成一个相对稳定的价值观，做事过程中不至于被别人干扰，或者半途而废。此外，他们还会在实践中不断提升相应的能力，关注外界有什么资源、人脉、机会可以帮到自己。因为拥有良好的思维模式，所以他们最终成功了。

然而失败的人都是由下往上想。他们首先看到的就是自己缺资源、没人脉、不懂方法、没可能性等，因此整天抱怨，也不敢行动，生怕遇到挫折，使得自己永远以“受害者”的角色出现，一开始就埋下了失败的思维模式的种子，所以失败是必然的。

以终为始告诉我们，成功者看待问题时首先看到的是目标，而失败者看到的只是问题。因此，成功的人会为了实现目标而努力奋斗，寻找解决问题之道；失败的人却陷入了问题的泥潭，难以自拔，只能为失败找理由。

一个成功的人为成功找方法，首先从思维模式上解放自己，确定要实现的目标，对自己有准确的定位，有稳定的价值观。他在实现目标这条路上会将理想与实际结合起来，不会被环境和他人所左右，脚踏实地地走好每一步。新思维带来新行动，有行动才有不断获得成功的加持力。想变得富有吗？以终为始，从这里开始！打开思路，付诸行动，一切皆有可能！

莎普爱思，以自己的确定应对世界的不确定！

2018 年年初，我受邀到莎普爱思给销售公司的管理层们讲授领导力。彼时，正是莎普爱思事件甚嚣尘上的时候，其股价从最高峰时候算起，因为这个事件几乎腰斩一半，企业的流通市值也从报道前的 50 多亿下跌到只有 20 多亿。而这个企业却能够这样沉稳，我着实有点惊讶。这里谈谈我所遇到的关于这个企业的其事、其人。

2017 年 12 月 2 日（周六），一篇文章迅速在网络传播，公开质疑莎普爱思滴眼液药效及广告宣传，指责其误导老年人，延误白内障治疗。一时之间，莎普爱思受到了空前的关注。

我认真看了这篇文章，文中指责该企业的地方有：

一、药效问题。文章引用多位眼科医生的说法和权威文献资料，力证目前全世界没有任何一种药物被证明能够有效治疗或延缓白内障的进展，唯一确切有效的治疗方法就是手术。莎普爱思滴眼液所宣称的预防和治疗白内障都是“忽悠”，为广大眼科医生所深恶痛绝！

二、广告问题。莎普爱思采用洗脑式广告营销，存在严重的夸大和误导行为，让老年人信赖滴眼药水就能治好白内障，有使其延误治疗、严重并发症，甚至失明的风险。

三、研发问题。莎普爱思滴眼液在 2016 年一年就卖出 2800 万支，年销售额 7.5 亿人民币。公司广告费用高达 2.6 亿人民币，而同年研发费用仅0.29亿人民币。

实事求是地说，这几点都有被夸大、包装的嫌疑：

一、药效问题。莎普爱思滴眼液分别在1995年、1998年完成Ⅱ期和Ⅲ期临床试验。1998年国家药品监督管理局组建之后，同年发放了药品批准文号。经查询国家药品监督管理局的数据库，目前经注册批准的苄达赖氨酸滴眼液（莎普爱思滴眼液通用名称），除莎普爱思药业持有的3个滴眼液批准文号之外，还有湖北、安徽、宁夏等省市8个相同品种的文号。也就是说，莎普爱思滴眼液产品是拥有国家批文的合法产品。另一方面，这个是属于引进的仿制药，在国外也是面向市场的，在国内也是历经多年的实验才批准上市的。

文章中所说的为眼科医生所痛恨就牵涉到一个问题——部分可以代表整体吗？我想答案是不一定的。那些实际用过这个药的患者、用过这些药的医生心里到底是怎么想的呢？还有一种说法是把这个药的有效性说成是安慰剂效应，我觉得这是严重的情绪化，有“欲加之罪，何患无辞”之嫌。

二、广告问题。文章指责广告是“洗脑式广告”，存在虚假、套路、误导行为。据了解，浙江莎普爱思滴眼液广告文号由浙江省食品药品监督管理局负责审查批准，浙江省广告监测中心监控系统显示，未发现有关莎普爱思滴眼液的违法广告。莎普爱思也从未否认过手术对于白内障疾病的根治作用。那么拥有合法批文下的广告，被质疑存在虚假、套路、误导行为情况，又是怎么定义或者说由谁来定义的呢？

三、研发问题。说到这家公司研发投入相对于广告投入太少，我看到事后董事长陈德康在新华网的发言，也迅速从善如流，积极改进了。

就是这么个事情，引发了整个社会的公众焦虑。一时之间，整个社会的健康环境受到了极大的质疑。在这个过程中，受害者到底是谁？是被舆论引导，如今对日常用药心怀疑虑的患者？还是产品有疗效且质量合格的企业？

值得一提的是，那篇引起关注的文章并没有提到莎普爱思滴眼液针对早期白内障病症有疗效，是具备科学的论证和临床实验支持的。莎普爱思1997年取得卫生部二类新药证书和试生产批件。1998年由中华医学会组织，北京同仁医院牵头，北京医科大学第三医院、中山医科大学中山眼科中心、北大医院、宣武医院、浙江医科大学附属第一医院、浙江医科大学附属第二医院、南京市第一医院等17家医院进行了Ⅲ期临床试验，其总有效率为73.73%，与Ⅱ期临床总有效率71.13%相似。Ⅲ期临床试验结果显示：0.5%苄达赖氨酸滴眼液对延缓老年性白内障的发展及改善或维持视力有一定的作用，疗效确切，是一种安全的、有效的新型抗白内障新药。

那篇引起关注的文章对这几点的默而不提颇耐人寻味，但有一点是明确的，那就是大部分人的情绪都在一时间被挑动了，冷静下来的民众又会怎么思考呢？

至少，在我接触过莎普爱思后，有了很大的反差感。源于十年知青生涯的磨炼，董事长的气质十分沉稳、内敛。在他的带领下，莎普爱思总体企业氛围却和一家上市公司不符合，它更为朴素低调，员工都是埋头可干型的。于是在风波之后，莎普爱思后续的一系列动作也秉承着它的企业精神，并没有狡辩，也没有用一些空洞炫目的公关话术，而是：

1. 积极跟社会公众解释。

2. 让主管部门出来澄清事实。

3. 主动调整自己的经营策略，如增加研发投入，通过兼并来开拓新的产品领域等。

4. 在误解中继续做好自己该做的事（影响圈）。继续自己的“春风行动”“点睛中国”“健康中国行”等公益慈善活动，资助药店的店员考取职业资格，资助白内障患者、老年人，等等。

有道是疾风知劲草，板荡识诚臣。风波下的莎普爱思从善如流，知行合一，不得不令人佩服。

在这中间，必须要提及的是董事长陈德康，作为一个老知青，陈德康身上带着老一辈企业家特有的坚韧。自 1978 年加入公司，到股份公司成立时持股 51.24%，除首发上市时被稀释至 38.42% 之外，这么多年来，特别是这次这么大的动荡，他的股份几乎没有变动过，一心一意做药。四十年如一日，对公司、对眼健康事业痴心不改。四十年来，这位公司的老板还是没有将眼光和精力分散到别的领域，只是一心一意地做药，那么我们可以相信他是把这个当作事业在做的。努力的人总是容易获得别人的好感。

说完了莎普爱思其事，我们也简单说说他们的为人。

领头人、董事长陈德康上面已经说了。股份公司常务副总经理、销售公司总经理陈伟平，出生于 1978 年，是澳大利亚留学的视觉和图像处理博士。作为一个高精尖的海龟人才，陈伟平身上并没有“精英”的傲气，而是一个没有距离感、踏实以及同样具有实干气质的年轻人。两天的周末学习他都与大家打成一片，从头到尾聚精会神听完我的课。在这打交道的两天中，我能深刻地体会到，这是一个谦虚谨慎，又善于倾听不同意见的公司领导。结束的最后一天，他可爱的宝贝女儿和太太也过来了，我想他是兼顾事业与家庭的那类人。

再说说这些高管们，他们每天除了要上我的课之外，早上还有团队足球，大家一起在踢球中交流感情，这个感情交流方式也是非常的低碳健康了。据了解，他们的企业足球队，江湖上还小有名气。难能可贵的是，他们晚上还自发组织对我的课堂复盘，学以致用解决所遇到的实际问题。我这些年给各种各样的名企上课，高管们能如此，领导人能做到如此的，确实不多。

一个企业能够这样以终为始，确实是一件非常少见同时非常不容易的事情。我想这就是它面对重大舆论事件依然能够从容淡定、维持生产平稳并持续生存下去的根本原因，这就是“以自己的确定应对这个世界的不确定，以自己的靠谱应对外界的纷杂”。

【想事—做事—成事】

1. 写出自己的人生宣言。如果没有人生宣言，就按照习惯概要里所说的方法，找到自己的人生使命宣言。记录下来，并时刻提醒自己慢慢实现它。

2. 国外的商科预备班里，老师给年轻的同学们每人50美金，要求大家在一周内将它变为200美金。刚开始的时候大家都认为是不可能的，但一周后有的同学实现了。那么，如何变成亿万富翁？你能找到这方面的“转型人”吗？看看你和他的差距在哪里？

3. 把你的梦想目标按照这些启示来分解、规划。假定你非要实现这些目标不可，如果实现不了会给自己带来什么样的后果？然后将实现目标的决心和行动写入你的人生使命宣言和工作计划中。

4. 您有过抱怨公司、抱怨环境、抱怨机会、怨天尤人的经历吗？失败的借口很多，成功的方法也很多。对照案例中的思维模式图，确立对自己有利的思维模式类型。

习惯三：要事第一

HABIT 3：Put First Thing First

亲爱的朋友，你可曾有过这样的感觉：生活中有做不完的事情，即使做完了也没有成就感；或者在工作上很有成就，但到头来发觉自己的身体已经开始报警了，父母年事已高，自己却不能尽孝床前，夫妻之间也已快劳燕分飞了，孩子也快跟自己形同陌路了。

养成了要事第一的习惯，能够有效助你解决这些问题。本章选取的几个案例，告诉我们如何找到要事、如何放弃不重要的事、如何真正做到要事第一，这些方法的实用性很强，值得大家学习和使用，它一定会给你的工作和生活带来更大的平衡感和更高的效能。

先让我们对这个习惯进行一次概览：

这是一个自我管理的习惯、一个关于诚实和执行的习惯。这个习惯告诉我们思想上要树立以下原则：

PRINCIPLE（原则）：要实现效能，就必须诚实地按照优先次序做事。

SEE（想事）：要事第一而非急事第一。

行动上要学会以下方法：

DO（做事）：专注于重要事务；放弃不重要的事务；每周有计划；每日有计划。

最后我们就会收到这样的效果：

GET（成事）：由危机驱动型变为能够更好地控制自己的时间和生活；生活中拥有更多的平衡感和安全感。

这其中有一些重要的东西值得与大家分享：

时间矩阵的四象限划分是一个很好的方法，能够帮助我们找到自己的要事。面对令人焦头烂额的事务，我们只要结合自己的人生使命，用时间矩阵的方法就可以很快地找到属于自己的要事，然后诚实地按照“要事第一”的优先原则来完成它。

给你一些大石头、一些碎石子，要求把它们全部填充到空容器中。有两种不同做法的人，第一种人先放那些碎石子，结果一些大石头无法放进去；第二种人先把那些大石头放进去，结果碎石子也全部被放了进去。原因很简单：优先顺序不同。

如果不做重要的事情，就会常常去做紧急的事情。比如锻炼身体，保持健康是重要的事情，而看病则是紧急的事情。如果不锻炼身体，保持健康，就会常常为了病痛烦恼。又比如防火是重要的事情，而救火是紧急的事情，如果不注意防火，就要常常救火。因此要学会找到要事，摆脱琐事，真正做到要事第一。

给忙碌的工作找个平衡点

要事第一是一个关于诚实和执行的习惯。如果把以终为始看作一个自我领导的习惯的话，要事第一也可以被看作是一个自我管理的习惯。因为以终为始解决了我们的方向问题（我知道我人生的航船要驶向哪里），要事第一将解决我们的方法和效率问题（我知道怎样驶向那里）。这个习惯最基本的一点就是要区分什么是要事，什么是急事。

要事就是对你的人生使命、目的有贡献的事，而急事就是你和别人认为需要立即去做的事。要事好比指南针，而急事则好比钟表，虽然两者都很重要，但方向才是第一位的！

找到我们自己的要事，并且能诚实地按照要事第一的原则去执行，我们才能成为一个高效能的人，否则将会成为一个忙而低效、忙而不快乐的人！

和大家分享一下这段《忙人的告白》！

因为我们不知道
究竟什么对我们最重要
所以好像每件事都很重要
因为好像每件事都很重要
所以我们不得不做每件事

有些人看到我们每件事都做
所以他们期望我们什么都做

什么事都做的结果是我们更加忙碌

所以我们更没有时间去考虑
究竟什么对我们最重要

谁都在忙碌之中活着，可在忙碌之中谁都知道什么对自己是最重要的吗？有没有花时间思考一下自己究竟要怎样活着呢？

有人痛苦无奈地活着，也有人在轻松惬意地享受着。痛苦是因为在忙碌中分不清主次轻重缓急，没有树立正确的价值观。

工作中遇到不快要调整自己，使自己在工作中拥有快乐的心态。愁也一天，乐也一天，为什么不快乐呢？

不顺心时，一味地发牢骚，继续怨天尤人，这样做除了使心情更加消极外，没有任何的实际意义。与其如此，还不如摆脱失落的不良情绪，寻找问题的解决之道。下面再与大家分享惠普前总裁孙振耀先生对工作与生活的见解。

你工作快乐吗？你工作得好吗？有没有觉得干了一段时间以后工作很不开心？有没有觉得自己入错了行？有没有觉得自己没有得到应有的待遇？有没有觉得工作像一团乱麻，每天上班都是一种痛苦？有没有很想换个工作？有没有觉得其实现在的公司并没有当初想象得那么好？有没有觉得这份工作是当初因为生存压力而找的，实在不适合自己？你从工作中得到你想要得到的了吗？你每天开心吗？“天涯”上愤怒的人很多，你有没有想过，你为什么不快乐？你为什么愤怒？

其实，你不快乐的根源，是因为你不知道要什么！你不知道要什么，所以你不知道去追求什么；你不知道追求什么，所以你忙得什么也得不到。

我总觉得，职业生涯中首先要关注的是自己。自己想要什么？大多数人大概没想过这个问题，唯一的想法只是——我想要一份工作，我想要一份不错的薪水。我知道所有人对于薪水的渴望，可是，你想每隔几年重来一次找工作的过程吗？你想每年都在这种对工作和薪水的焦急不安中度过吗？不想的话，就好好想清楚自己想要什么。不能饮鸩止渴，不能因为口渴就拼命喝毒药。越是焦急，越是觉得自己需要一份工作，越饥不择食，越想不清楚，越容易失败，你的经历会越来越差，下一份工作的负责人看到你的简历就皱眉头。于是你越喝越渴，越渴越喝，陷入恶性循环。最终只能哀叹世事不公或者生不逢时，只能到“天涯”上来发泄一把，在失败者的共鸣当中寻求一点儿心理平衡罢了。

一般我们处理的事情分为重要的事情和紧急的事情。对于工作也是如此，想好自己究竟要什么是重要的事情，找工作是紧急的事情，如果不想好，就会常常找工作。

往往紧急的事情给人的压力比较大，迫使人们赶紧去做，相对来说重要的事情反而没有那么大的压力。大多数人做事情都是以压力为导向的，压力之下，总觉得要先做紧急的事情，结果就是永远到处救火，永远没有停歇的时候。

我始终觉得我要说的话题，沉重了点儿，需要很多思考。天下没有轻松的成功，要成功，就要付出代价。请先忘记一切生存压力，想想这辈子你最想要的是什么？因为往往最重要的事情，是先想好自己想要什么。

生命不能承受之重，就是在迷茫中不知道自己要找寻什么；生命不能承受之轻，就是人的心灵在漫无目的的状态中不快乐地活着。生活、工作不快乐，实际上就是没有弄清楚自己究竟想要什么，自己究竟想做什么，找不到生活的兴趣点和生活的目标，不但丧失了物质世界，也丧失了心灵的家园。饥不择食地胡乱选择职业，只会给人生带来混乱。想在你不感兴趣的职业领域里做出成绩，只会给你带来混乱和焦虑。

面对人生，你可以选择做个农民，只要你能在春种秋收中体会到辛勤的喜悦；你可以做一名教师，只要你能幸福地教书育人、孕育桃李；你可以选择做一个清洁工，只要你能每天感受到工作的快乐。职业没有贵贱之分，只要你能在其中找到价值，体会到快乐，那你就是一个成功的人，一个快乐的人。

孟塔培说："为什么我们就是命运的主人、灵魂的统帅呢？因为我们有控制自己思想的力量。"控制自己的思想，要懂得职业不等于金钱，理想不等于贪欲。

主次分清，知道自己要的是什么，那样做事情就会分清轻重缓急。不要为无用的事情焦虑，焦虑非但解决不了问题，反而会让自己更加紧张。要抓住要事第一的原则，有条不紊地处理一切事情，才能使工作顺利进行。

计划赶不上变化快吗？

有一次讲课，讲完要事第一之后，课间休息的时候，一个在课堂上很沉默的小伙子看到我就很激动地说："史老师，您讲得太对了，让我太有感触了。"下面是他对我讲述的自己的经历。

> 我是公司的一名后勤人员，负责员工的订房等工作。
>
> 这几天公司开会，正好有外地的员工过来，我需要为他们做好订房等后勤工作。本来，这件事在两天前我就想到了，但是我一直都没有去做，因为有太多的事情要做。
>
> 直到今天，这件事变成了一件又重要又紧急的事，我只得硬着头皮去做。我急急忙忙去打电话到平时关系比较好的酒店，得到的回复是"酒店已经没有房间了"，我只得改找其他地方。其他地方的酒店就没有那么方便了，必

须上门办理。浪费时间不说，联系到的酒店房间还不够，只得再找下一个酒店。浪费了更多的时间，价格也不好，更严重的是外地来的员工对我和公司的感觉也不好了。

虽然急急忙忙中做完了这件事情，花了很多的钱和时间，但是得到了低的员工满意度。这真是费力不讨好啊！

今天，听了您的课我才知道，这都是我工作中没能辨别要事和急事，没有做到要事第一，没有计划所导致的。

作为公司的一名后勤人员，给员工做好订房方面的工作就是我的一项重要工作。虽然这两天来有很多事情，现在回想起来，都不如这一件事情重要。而我却恰恰被这些急事所欺骗了，导致订房这件要事变成了紧急的事情。长期以来，我都信奉“计划不如变化快”，并以此为借口，从来不做计划，更没有书面计划，终于得到教训了。

我们一定要有清晰的“重要”和“紧急”的概念，分辨出哪些是重要的事情，哪些是紧急的事情，永远按照要事第一的习惯去做事，绝不要等要事变成急事的时候才去做。急急忙忙做完的要事，质量一定会出问题！

分清要事和急事之后，我们还要避免受到那些急事打搅。要做到这一点，一个书面计划是必不可少的。因为，虽然计划赶不上变化快，但是如果你有一个计划，你就会对变化进行更多的预测，准备更多的备选方案，遇到变化时不至于急急忙忙，手忙脚乱。

找到要事

我们很多人都在忙，但是忙得不开心，觉得在忙中迷失了自己。或者是工作上很风光，但是忽略了家庭和亲情；或者是兼顾了家庭，但在工作上很失败等。这其中的根本原因，是我们不知道自己究竟想要什么，也就是不知道哪些是我们自己的要事。

那么这个问题究竟如何解决呢？有三个方法：

第一，找到自己的要事。

第二，要摒弃那些不重要的事。

第三，诚实地按照要事第一的原则去执行。

先跟大家分享第一个方法——找到自己的要事。具体做法：

第一步，发现自己的人生使命。

要事就是那些跟我们自己的使命、价值观相一致的事情。

使命、价值观就好像我们人生的指南针。没有人生使命的人就没有一个判定事务重要与否的标准，就不知道什么事情对自己最重要，就什么事情都做……从而进入忙人的怪圈，成了一个忙而不开心的、不重要的人。

找到人生使命的方法很多，如5分钟持续写作法，持续地问自己“What do I want to be? To do? To have? To leave?”等。

第二步，运用时间矩阵找到自己的要事。

通过前面所讲的，我们知道了如何运用自己的人生使命来判断事务重要与否。下面我告诉大家什么是紧急的事务——就是那些别人或你认为需要立即关注的事。前面我们把重要的事务比作指南针，那么紧急的事务就好比时钟，是那些有强烈的时间要求的事情。以重要与否和紧急与否分别作为矩阵的两个轴，我们就把自己要做的事情分成了四个象限，然后忠实地按照自己的重要、紧急标准去把这些事情填到这四个象限里，这样我们就会发现哪些事情是重要的，哪些事情是不重要的了。

我们现在就抛砖引玉地练练这个工具的使用方法，看看我们自己在时间分配上能不能做到要事第一。

以下是A先生2010年8月某一天的工作安排（以下括号内“－”前面的数字表示项目编号，后面的数字表示所需要的时间）。

A先生的角色：

公司内：角色是一名项目经理。昨天刚跟大老板开完一个会议，他的老板要他出一份会议纪要（①－30分钟)、向全公司发一份宣传通稿(②－30分钟);刚跟某个公司交流完,要出一份交流收获报告给大老板看,可以在后天之前完成(③－60分钟);还要向政府相关部门提供资料以通知政府部门(④－60分钟),为此他要约见一个分供方来谈谈材料准备的问题(⑤－30分钟);公司的OA系统上还有10个邮件和5份公文等待他处理(⑥－30分钟)。

家里:角色是一名丈夫。这几天妻子生病,急需一笔钱,A先生需要去提取公积金(⑦－30分钟),为此事先要找公司的同事盖章(⑧－20分钟);晚上回家还要陪太太吃晚饭,然后散步交流(⑨－180分钟);

当然,A先生还有一个角色就是自己。他要关照自己的身体,要中午吃饭(⑩－45分钟)、午休(⑪－60分钟);要在早上、下午分两次锻炼身体,每次10分钟(⑫－20分钟);要在睡觉前看书思考(⑬－120分钟)。其他的时间:早上上班、下午下班,各占用1个小时(⑭－120分钟,这期间的时间一般用来听新闻、音乐等);早晚洗漱(⑮－60分钟)。

以上15项事务总共花去了895分钟的时间。A先生一天从早7点起床到晚11点睡觉,这一共是16个小时(960分钟),除了这895分钟,其他65分钟是机动时间,主要用来处理以下事务:被领导喊去布置、了解工作(⑯－20分钟),对来找的同事提供帮助(⑰－20分钟),主动关怀同事的工作(⑱－25分钟)。

这就是A先生一天所要处理的事务,我们把它们摆在时间矩阵里就形成了下面的安排：

	紧急	不紧急
重要	I ① –30 分钟、② –30 分钟、⑤ –30 分钟、⑧ –20 分钟、⑭ –120 分钟、⑯ –20 分钟、⑱ –25 分钟， 合计 275 分钟， 约占每天的 29%	II ③ –60 分钟、④ –60 分钟、⑦ –30 分钟、⑨ –180 分钟、⑩ –45 分钟、⑪ –60 分钟、⑫ –20 分钟、⑬ –120 分钟， 合计 575 分钟， 约占每天 60%
不重要	III ⑥ –30 分钟、⑮ –60 分钟、⑰ –20 分钟， 合计 110 分钟， 约占每天的 11%	IV 0

我们发现，A 先生花在 I、II 象限的时间分别是 29% 和 60%，而在 III 象限的时间则占全天的 11%，IV 象限则几乎没有花时间。这真是一个比较典型的要事第一的模范。

找到人生的使命与价值观，围绕这个中心去做，就会避免在工作中走弯路。因为使命与价值观是人生前进路上的指南针，是衡量事情轻重的标杆与维度。

找到了人生的使命和价值观，就能主动发挥人的独立意志，为实现人生的价值观而做出决定。人的独立意志能够改变人的命运，使人不再被动地被其他人和事情所左右，积极主动地全面承载起人生的使命，内心燃烧起奋斗的激情。在任何时刻都坚持既定的价值观，凭着毅力克服心理障碍和一时的冲动，不会被琐事、不重要的事情所羁绊。

遵循要事第一原则的人，在工作中做事能够有条有理，就会慢慢变成重要的人。而遵循急事第一的人，在工作中则如热锅上的蚂蚁，做事是拆东墙补西墙，效率低下，在压力导向下就会慢慢变成一个不重要的人。

要想高效率地工作，成为职场上一个重要的人，就要对自己所要处理的事情进行有效的自我管理：分解、分析、排序，实现第一目标。在时间矩阵中分清哪个应当重点做，哪个是次要做的。该出手时就出手，该放手时就放手，才能把工作处理得井井有条。

摆脱琐事

要遵循要事第一的习惯，就得学会避免受到琐事打扰。很多人有明确的目标，但那个目标只是个幻影，因为他一辈子都被琐事所累，无法脱离不重要的事情，以至于最后悲叹一声：都是那点儿事情误了我一辈子啊！

通过四象限矩阵法，我们可以找到哪些事情才是我们的要事。但是不重要的事情会经常来打扰我们，使得我们没有时间去做我们认为重要的事情，怎么办？

已经找到了要事，那么能否做到要事第一，这完全取决于你——你的“想事”、你的选择、你想不想去做。除非我们愿意，否则谁也不要想夺取我们选择的权利。

所以要取得“成事”的效果（成为要事第一的高效能人士），首先就要将精力集中在“想事—做事—成事”的第一个环节上，多找原因，多下功夫。

下面我们还是针对每个象限的典型事件，来具体告诉大家如何放弃不重要的事，走向第二象限的生活。

第一，第四象限——不重要不紧急。其典型事件，比如无意义的上网、看电视等。这些事情属于那些不需要费心劳力的活动，最容易使人获得一种轻松的感觉。除非你已经像吸鸦片一样上瘾，否则只要你充分运用人类的自我意志这一天赋，下决心不去做，或者分阶段逐渐减少做这些事情的频次，那一定是可以将其放弃的。

第二，第三象限——紧急而不重要的事。比如不重要的电话、邮件、会议等，这些事情是别人认为你应该立即关注的事情，不需要你主动去找它，它是会主动找上门来的，关键就是如何说“NO”的问题。

1. 只要你确认是不重要的事情，请别不好意思说“NO”。

2. 要聪明地说“NO”，比如要求下达通知的工作人员说明会议的目的、议程，以及你能够给会议带来的价值，比如在自己的办公室（桌）挂上“请勿打扰”的牌子等。

3. 除非特殊情况，可以对邮件定时处理，而不是随时盯着邮件。电话也是同理，当你在处理一件重要事务的时候，请尽量不要接电话，当这件重要事情处理完成的时候，再统一回复未接的电话。

第三，第一象限——紧急而重要的事务。比如工作中的危机，期限临近的项目、报告、会议；比如身体得病，比如与家人、上司的人际关系危机等。这些事情一旦发生，必须立即着手关注，否则将给你造成很坏的影响。偶尔发生是有可能的，但如果经常发生，你就会经常处于高度紧张的“救火”状态。身体得病是自然的，但随之而来的可能是家庭关系、工作关系的恶化，这时你就必须把这些工作列成一个目录，迫使自己反思一个问题——我今后应该采取什么样的办法来避免类似事件再次发生。

一般而言，这些问题的发生往往是因为第二象限的“预防、计划”工作做得不够。比如不经常锻炼身体（II 象限事务），导致身体得病；因为平时没有及时给家人、上司的“情感账户”上“存款”（II 象限事务），才会导致人际关系危机。这就需要你通过具体的锻炼身体的计划，改善家庭关系、工作关系等措施来补救。

第四，第二象限——重要而不紧急的事务。比如预防和计划，这些工作最大的特点就是不紧急，它不会主动找上门来，而你必须主动去找它，否则你将不可能真正成为一个要事第一的高效能人士。

我们不妨经常检讨一下自己的工作，看看哪些是属于第二象限，但又被自己忽略和拖延的事务，是什么原因造成了这种忽略和拖延，要采取什么措施来防止它再次发生。

通过上述这些措施，我们就可以逐渐摆脱那些不重要事务的干扰，把自己的精力集中于重要工作上。事情是可以有计划安排的，琐事是可以避免去做的。而重要的事情要紧紧抓在手里，不能忽略和拖延，这样就会避免琐事的打扰，真正成为要事第一的高效能人士，进入第二象限的生活。

要事第一的方法

我们找到了自己的要事，并学会了如何摒弃那些不重要的事务，那么我们如何才能把自己的要事高效地完成，真正成为一个要事第一的高效能人士呢？其中的关键是优先顺序。下面我们将首先借助一个实验说明优先顺序的重要意义，接着给大家提供两个保障你按照优先顺序做事的工具。

很多人都知道柯维博士那个著名的“大石头实验”，同样的容器、同样的大石头、同样的碎石子，为什么第一种人无法把它们装进去，而第二种人却把它们装进去了？原因就在于“优先顺序”不同。实际上这个空容器就是我们一周的七天时间，大石头就是我们一周的重要事务，而那些碎石子则是那些不重要的小事。

如果我们诚实地按照要事第一的优先顺序去做事，我们就会获得要事做完、小事也做完的高效能的结果。按照相反的顺序去做，则会得到小事做了一大堆，大事没完成的遗憾局面，自己就越来越没有成就感，慢慢就会变成越来越不重要的人。

下面的两个工具可以帮助我们诚实地按照要事第一的优先顺序去做事。这两个工具就是周计划和日计划，遵行这两个计划会让你真正地做到要事第一。

我们讲讲 B 先生的案例供大家参考：

第一，周计划方面：B 先生每周日会花 20—30 分钟时间，在一个安静的地方来制订自己的周计划。首先是回

顾自己的使命；其次想想与自己达成这个使命有关的重要人物，看看本周要给他们做哪些“要事”；然后把这些要事提前安放到下一周的这个“空容器”里。

第二，日计划方面：每天早上一到办公室，他会花 5 分钟时间，把今天要做的事情列成表，然后标出优先次序，把它们分别放到不同的时间段去。

通过运用以上两个工具，B 先生成了一个诚实的按照要事第一的优先顺序去做事的高效能人士（如下图 B 先生周计划和日计划模板所示）。

B 先生的周计划模板

我的人生使命	实现这些使命的主要角色	我希望他们给我的生日贺词	本周大事	哪天做
我想成为一个受人尊敬的人，为此我想拥有自己的别墅，我想拥有美好的家庭，我想给这个社会留下自己的一本著作、留下一个基金以帮助我想帮助的人。我选择做职业经理人或岗位专家，这可以帮我达成这个使命。以下是达成这个使命的重要角色和我在 80 岁生日时希望得到的祝辞	下属—领导	这小子能干！	A 项目总结	周一
	经理—下属	跟着您干，值！	对 B 经理的业绩进行庆贺	周二下午
	专家—学生	听他的课，真有收获！	给经理人员授课	周三全天
	儿子—（岳）父母	你是我们的好儿子！	带全家聚餐	周六中午
	父亲—子女	我有一个好爸爸！	带孩子早教	周日上午
	丈夫—妻子	下辈子还跟你！	与妻子一起讨论论文	周四晚上
	自己	我活得很精彩	读书、锻炼	周六
	兄弟/朋友	……		

B 先生的日计划模板

ABC 表示的优先顺序	本日事件列表		进展标志
		8：00	
		9：00	
		10：00	
		11：00	
		12：00	
		13：00	
		14：00	
		15：00	
		16：00	
		17：00	
		18：00	
		19：00	
		20：00	
		21：00	
		22：00	
√完成；→延续；×取消；⊙进行中；△授权			

在时间管理上，要讲求优先顺序的原则。为争取高效率，依据轻重缓急来设定短期目标、中期目标和长期目标，并且制订实现目标的计划，进行自我管理，每日都付诸实际行动，合理分配有限的时间、有限的精力，去赢得最大的成功。

确定优先顺序原则，首先要确定自己的角色，树立个人的奋斗目标。具体事务的时间安排，与个人的使命与责任要处于平衡状态。如果周计划与日计划偏离了个人人生目标的轨道，那么这种优先顺序的安排是毫无意义的。

每天审视自己的日程安排，不断更新自己，在自我审查与实际行动中追求效率。这种安排具有灵活性，根据这种原则来认识生活、体会生活，追寻人生目标和人生价值，每天都会活得开心充实。

制订这种灵活的优先顺序计划有以下意义：

一、它确立了核心原则——个人使命。让你的生活都围绕着这个使命展开；让你每一天都有明确的目标，知道自己要成为什么样的角色。

以这个原则为核心，能在变化的生活中最大限度地同你既定的价值观保持一致，能让你合理安排自己的时间，清楚地看到什么事情是真正的要事。

二、这种以天和周为单位的计划，能让你有更开阔的视野，随着外在环境的不断变化而对既定计划做出合理调整，使自己能够更加合理地利用时间，调节自己的状态，也使自己的能力不断提高。

急事缓做的方法

时间规划的四象限是个固定的模式，但每个象限里的内容安排则因人而异，是不固定的。每个人可以依据自己的需要，对要事与急事进行不同的安排。这种安排是个人的一种规划和需要，但不一定科学合理。有时候会把急事当成要事，有时候也会把要事当成急事，本末倒置，造成效率低下，甚至会产生无可挽回的后果。

下面这个案例讲述了一些人对要事的错误认识和逐渐纠正这种认识的过程，以及一些人因为长期没有对其纠正而产生的严重后果。请大家注意思考，看看能够从中得到些什么样的启发。

受珠海移动的邀请，有一次，我给80后、90后的新同事们讲“高效能人士的七个习惯”这门课。在课堂中我问到，吃饭、锻炼身体、与自己的亲人沟通，这样的事情是属于重要的事情、紧急的事情，还是重要紧急、不重要不紧急、重要不紧急的事情？这对成人来讲简直是一个不是问题的问题。但是，对这些新同事们还真是一个问题，因为我们的大学教育是没有讲这些的。

讲到“要事第一”的习惯的时候，我问大家忙不忙。大家异口同声一个字——“忙”！于是我让各小组推举一个公认最忙的人，把他一天从早上一起床到晚上上床睡着为止，所忙的典型的事务全部都列个表出来，然后都填到时间矩阵的四个象限中去，以看看我们的时间安排是否是“要事第一”的。结果，两个现象使我大吃一惊！

第一，几乎所有人的清单上全部都是工作。等客户的电话，等别人交过来的报表，电话，邮件，QQ，开会等，唯独没有吃饭、锻炼、家人这些内容。

第二，在我的提醒下，有的人开始把这些内容加进去了。其中，一个特别的现象吸引了我：我们一个挺聪明的、分配来已经两年多的正式员工，把吃饭这件事利索地填到了“不重要不紧急”的第四象限。

课后我私下问她：“如果这件事不重要不紧急是不是可以不做啊?”她说是。

我又问她：“如果不做这件事，想象一下一年以后、三年以后会有什么结果?”她恍然大悟，立即把这件事列入了“重要紧急”的第一象限。

我再次启发她：“如果每次吃饭都是逼急了才吃，那会有什么结果?”她最后才把这件事放到了“重要不紧急”的第二象限。

上课的时候，我问大家，如果把吃饭、锻炼等这些“养鹅”的事情长期放在第一象限，而只关注“产蛋”这样的工作会有什么结果。大家陆陆续续说到精神紧张、胃病，甚至得更严重的病！同样，制订计划、做预防工作、定规则等也属于重要不紧急的第二象限事务，我们必须主动去找它，否则我们的效能难以得到提升！

身体是“1”，其他的一切都是它后面的“0”！至此，大家终于知道了如何区分重要事务和紧急事务：什么事情是“养鹅的”，什么事情是“产蛋的”。

有个学员还讲到了一些同事在工作岗位上病倒的例子，并饱含深情地给大家讲了一个真实的故事。

他的同事中有一个叫“芬姐”的，这是多么亲切的一个称呼啊。在大家的印象中，芬姐就是一个风风火火的人，做所有的事情都是一阵风，虽然学历不高，但是做事手快，听同事说经常是忙得没时间吃饭。

2006 年的一天，她在办公室晕倒了，等送到医院的时候，一检查已经是脑癌晚期！为了留住大姐的生命，大家发动了全公司的人捐款，并多次到医院去看望大姐。但是 3 次开颅手术，最终还是没能留住大姐美好的生命！

案例中芬姐把要事当成急事，结果造成了不可挽回的悲剧。人们常说身体是革命的本钱，即使一个人能力再强，如果他没有健康的身体，那他的生命力就如尼布甲尼撒王梦见的金像一样，腿部是半泥半铁，那代表着生命的半强半弱。

如果吃饭成为急事，就会给健康带来巨大的隐患。不测不知道，一测吓一跳。测了之后我才知道，我们公司这种高学历的知识型员工，会把吃饭、锻炼这样的事情当作不重要不紧急的事或者急事，怪不得公司每天花专门的时间播放广播体操让大家锻炼身体的时候，很少有人起来响应。“播什么种，得什么果”，前车之鉴已经给了我们沉痛的教训！

愿通过“七个习惯”的学习，能够使我们更多的人真正懂得什么是“养鹅”，什么是“产蛋”，什么是重要，什么是紧急，使更多的人拥有平衡圆融的人生，使我们所在的公司能够健康、高效能地发展！

不同的事情，要科学合理地安排在不同的象限里。把急事当成要事，也许对眼下没什么影响，但在不久的将来，那个积存的危机会如同洪水猛兽般爆发出来，吞噬你的生命、你的事业，给你造成不可估量的损失。

有“准备”地毕业，才能更好地就业

如今的就业真的成了让大学生头痛的问题，因此有人说，大学生毕业就等于失业。真的是这样吗？作为天之骄子的大学生为什么找不到工作？为什么在找工作面前，受过3—5年高等教育的大学生的竞争力会这么弱？即使有些学生找到工作，他们的薪金待遇和工地上的工人也没什么区别，甚至还不如工地上的工人。读书有用吗？如何解决这个难题，你想过吗？

一个招聘会上，有位女大学生看见不少应聘的同伴在排队，于是赶紧上去插队。直到快接近终点，才问了一句：“请问，这是什么公司啊，这么多女生排队？”同伴回答：“这是厕所。”

这并非一个笑话，而是生活中发生过的真实事件。

一家知名企业的 HR 曾向记者表示："现在不少大学毕业生，就业相当盲目，只知道递简历，连对自己计划工作的公司、行业都缺乏最基本的认识。我们去参加招聘会，很多学生一见面就会问'你们公司做什么的'，同样的问题，一天要被重复问至少 20 遍。"往往这个时候，他不知道是该替学生着急，还是该为他们感到悲哀。有些学生的资质真的很好，但提到对行业及应聘职位的认知度时，他们的表现则乏善可陈。企业是不会雇用这样的人的。

中国的大学生缺乏职业生涯规划。这是一个从选择大学开始就应该着手制订的规划，以便在大学毕业后，有明确的就业方向。但在中国，大家对职业生涯规划这一认知还处在启蒙阶段。

在考大学之际，没有考虑清楚自己选择的专业，到大学后对所学专业毫无兴趣，导致找工作时陷入困境。专业知识和专业能力都不具备，哪能找到对口的专业？建议这类大学生，最好学一个自己喜欢的第二学历专业，在大学期间为自己找工作定方向做准备。

高校一直在扩招，这是个不争的事实，谁都面对着就业的压力。想要在这个为就业而展开角逐的战场上不被淘汰，进入大学的时候你就要积极准备，规划自己，要不然你就提前输了你的全部。大学时期，知识和能力的积累，就像大楼的根基，只有打好了根基才能建立起万丈高楼，让自己手可摘星辰。

学校很重要，学历很重要，但能力更重要，有学历而没能力是创造不出价值的。知识就是力量是错误的，会使用知识才会有力量，这个时代已经不属于“考试 100 分”的时代了，而是属于能者的时代。大学生只有不断提高自己的能力，将专业知识转化为能力，不断完善自己，才能有个好的未来，找到好的工作。

再看一看其他国家的大学生是怎么提前备战的。

在美国，一个高中生毕业后，会花费一笔价格不菲的费用去找职业发展中心做职业生涯规划测评，并对自己的综合信息进行了解，评估自己的兴趣点在哪里，未来可能选择什么行业，这些行业的发展趋势如何，应该选择什么样的大学和专业能更接近目标……在了解了自己之后，利用大学生涯着重了解社会，确认未来方向。(习惯二：以终为始)

理想和社会是有差异的。欧美学生在制订了职业规划后，大一期间对为什么读这所大学和这个专业已经有了清晰的答案。而在大一至大三期间，除了日常的大学学习之外，他们会尽可能地通过实习活动来了解未来计划从事行业的背景，自学这个行业的专业知识并考取相关证书，从而为自己毕业后的择业做好理论和实践两方面的准备。

其实在这一过程中，大学生会对自己和未来所要从事的行业有更多的认知，也会根据自己的需求制订出多个方向、多个方案，比如最优选择是什么，第二选择是什么，第三选择是什么。他们制订的规划相当明确。（习惯三：要事第一）

相比而言，中国大学生则缺乏职业规划，就业标准就是好公司、高薪水。但往往好的公司并不一定适合他们，而大学期间又浪费了准备时间。所以，他们毕业后无论是专业理论还是工作经验，都缺乏竞争力，只能陷入被动就业的状况。

曾经有一个毕业生令我印象深刻。这位学生大一时就给自己树立了明确的目标——做 HR（习惯二：以终为始），并考虑要进什么类型的公司。

在大学四年时间里，除了生活和学习，他不断学习人力资源方面的知识，并通过校外的师兄师姐了解公司内的运作、文化和销售系统，创造实习机会。在此期间，他进一步确定了自己未来做 HR 的决定。

毕业后他到了一家位列世界 500 强的大公司，虽然第一份工作不是 HR，但他能坚持自己的选择，在那个公司的头三年中，他仍然做了很多准备，不断假设如果自己是 HR 应该怎么做，同时观察 HR 部门怎么做。在这家公司的第五年，他终于做了 HR 经理。他老板给他的评价是，一年的业绩就相当于别人三年的业绩。（习惯三：要事第一）

【想事—做事—成事】

1. 要事不会主动来找你，相反需要你主动去找它；而急事则常常给人以压力，所以很多人常常会变成一个以压力为导向的、低效率的人。把这个月所有有待处理的事情分类，对要事和急事选择适当的处理方法，三个月后，看看你的生活节奏有没有改变。

2. 按照“大石头优先”的原则，制订自己的周计划和日计划，每天检查计划的执行情况。

3. 你日常生活和工作中有哪些事是属于第二象限的——重要但不紧急，但是一直被拖延的事情。根据上述方法去实践，彻底摆脱琐事。

4. 将吃饭、锻炼这样的事情列出来，让身边的人将它们填写进“重要 - 紧急”的四象限矩阵中，并将正确的答案和周围的人分享。

Ⅲ

建立公众成功的良好习惯

Establish Good Habits of Public Success

想事—做事—成事，助你公众成功

如前所述，人的发展要经历三种状态——依赖、独立、互赖和以这三种状态为标志的两个过程——个人成功和公众成功。从公众成功阶段来讲，你必须养成双赢思维、知彼解己和统合综效这三个习惯。

让我们再次从“see（想事）－do（做事）－get（成事）”这个过程来对这几个习惯进行一次大解剖。其中，双赢思维（习惯四）属于“see－想事”的层面，是一种态度，是一个互利的习惯、人际领导的习惯，要想领导别人，必须有这样的思维基础；知彼解己（习惯五）属于“do－做事”的层面，是一种方法，是一个沟通的习惯，一个相互理解的习惯，一个交流的习惯；而统合综效（习惯六）则属于“get－成事”的层面，是一个结果，是一个关于创造性合作的习惯。

养成了这几个习惯，你就可以真正由独立走向互赖，真正建立彼此信任的人际关系，建立更加和睦的家庭、邻里和团队；你就可以有效提高自己的沟通表达能力，创造性地解决矛盾和冲突，真正走向公众成功。

同样，这些习惯因具有极强的实践指导意义而被多处引用。比如双赢思维和统合综效的习惯被引申到团队管理领域，知彼解己的习惯被引申到沟通管理领域等。

如果把这几个习惯比作一棵大树的话，那么，双赢思维（习惯四）就好比是这棵大树的根，知彼解己（习惯五）就好比是这棵树的树干，而统合综效（习惯六）就好比这棵树的果实，你必须有扎实的根、粗壮的干，才能结出丰硕的果。事实上，如果你没有养成双赢思维的习惯，就很难做到先让别人赢——知彼，然后再获得自己的赢——解己，更不可能在实际工作和生活中做到统合综效，获得 1 + 1 大于 2、大于 10、大于 100 乃至大于 1000 的效果。至于公众成功，则更谈不上了！

所有这几个习惯，所有这些“see（想事）– do（做事）– get（成事）”的方法都将帮助我们走向比个人成功更高层面的公众成功，走向成熟，使我们的人生更具效能。

要想实现公众成功，就要妥善处理我们的人际关系。如何与他人交往，创造良好的人际关系，从而更快实现公众成功呢？

这里有两个十分有用的工具可以帮助你：一个就是人际关系的情感银行账户，或者称作人际关系的资产负债表，它可以帮助你衡量跟他人的人际关系状况并找到改善的方法；另一个就是人际关系的情感银行存款单，就像是你给他人情感银行的存款，它可以帮助你行动起来，改善跟他人的关系。因为这是一个唤醒我们心中“天使”的有效方法，所以我们也称其为“天使卡”。

情感银行账户适合于你与任何人的人际交往，特别是你生命中的重要关系人，如父母、爱人、孩子、领导、下属、商业伙伴等。这个账户主要可以在以下两个方面帮到你：

第一，可以帮你衡量你与对方的人际关系质量。

比如你可以通过回忆你们的交往过程，把你对他（她）的“存款”行为、“提款”行为一起做个总结，看看你在对方的人际关系户头上是处于“存款”状态还是处于“透支”状态，或者说在对方的情感银行账户上的“款额”是“正资产”还是“负资产”。自己可以假设一个固定的单位和区间，比如（-10，+10），看看你们的关系处于哪个位置，这样你与他（她）的关系就会被衡量得十分清楚。

第二，可以帮助你找到与对方建立更好的人际关系的办法。

清楚了你们关系的状态之后，我们还必须知道如何更好地保护这种关系，以及如何修复那些已损坏的重要关系。坚持不懈地去给重要关系人的情感银行账户“存款”，杜绝那些“提款”行为，这样你就会有美好的家庭关系、上下级关系、商业合作伙伴关系。下面我们列出了人际关系中较为普遍的一些“存款”和“提款”行为供你参考（如下图所示）。

情感银行账户

存款	提款
主动了解别人	自以为是
信守承诺	不守承诺
尊重不在场者	背后说别人坏话

（续表）

存款	提款
澄清期望	期望不明
学会道歉	傲慢
给别人反馈	不理不管
原谅和遗忘	记恨

值得说明的是，下面我们将要学习的三个习惯——双赢思维、知彼解己、统合综效，讲的都是一些很好的、可以指导我们如何给重要关系人的情感银行账户“存款”的原则、思维、行为和方法等，值得大家认真学习领会。

“天使卡”则是一个将上述“存款”行为具体化的工具。就像存到他人银行账户中的一笔具体的存款一样，坚持下去，你在对方的情感银行账户上就会有源源不断的现金流，他心灵中的天使就会被唤醒，你们之间的关系就会得到改善。

“天使卡”的样子如下图所示：

天使卡样板（正面）

做法：

1. 你可以将这个工具应用到修复重要的人际关系上，如跟上下级、客户之间的关系，跟父母、爱人、孩子之间的关系等。

2. 当你发现对方的优点的时候，请及时予以肯定，如“这个项目做得不错，你真是个有能力的同事”。

3. 当碰到需要提醒对方的时候，要第一时间委婉地提醒对方，如“你在我心目中一直是个负责任的同事，这次却出现了失误，怎么回事啊”。

4. 关键：你的焦点应该放在你想要的东西上。比如你想要的是下属的责任感，那么你的天使卡就不能唤醒他心中推卸责任的“魔鬼”，你就不能说：“你怎么又犯错了，怎么回事？”

5. 这个卡在刚开始使用的时候应是填写的实物卡，这时候你会有点儿不自在，但要坚持。所谓“无剑胜有剑”，如果运用熟练了，烂熟于心了，你就可以不必拘泥于形式了。

习惯四：双赢思维

HABIT 4：Think Win/Win

亲爱的朋友，我们每个人都不能离群索居，我们都要走向社会，与周遭的人发生关系。一个人的成功一定离不开家庭的支持和亲朋好友的帮助，靠良好的人际关系取得的成功才是持久的。那么，如何才能取得这样的成功呢？有没有一个工具可以帮助我们更好地处理人际关系呢？有！这个工具就是双赢思维习惯。

让我们先对这个习惯进行一次概览：

这是一个互利的习惯，一个人际领导的习惯。这个习惯告诉我们要在思想上树立以下原则：

PRINCIPLE（原则）：高效、长期的关系以互敬互利为基础。

SEE（想事）：有足够多的资源，你有，我有，大家有。

行动上要学会以下方法：

DO（做事）：使体谅和勇气处于平衡状态；寻求互利；达成双赢协议；建立双赢体系。

最后我们就会收到这样的效果：

GET（成事）：你将变得更慷慨，能更快地解决问题，在团队中具备更强的领导力；能够建立更加牢固、更加和睦的人际关系；在解决问题的同时，能够找到建立人际关系的途径。

这其中有一些重要的东西值得和大家分享：

虽然在竞技体育、战争等极端状态下，竞争是必要的，但双赢思维是我们处理日常互赖关系时必须养成的一个良好习惯。说起来容易做起来难，特别是当这种长期互赖的关系出现危机的时候，如果以敌对式的竞争思维处理问题，必然会引发更大的冲突。

本章选择了长期互赖关系的几个典型情景：上下级关系、同事关系、邻里关系。这都是我们每个人必须面对的日常人际关系。

要做到双赢思维并不容易，这里提供的几种工具和方法可以帮助我们培养这种习惯，如体谅－勇气矩阵、寻求互利的“T”字表以及双赢协议等。

击败小三，捍卫家庭，靠啥？

运用主动积极（习惯一）的习惯进行自我审视，我们可以唤醒自己心中的“天使”。但是当我们走向公众社会的时候，我们就要跟别人交往，我们的一言一行都会给他人带来影响。

这个影响对象或者是你的爱人，或者是你的父母、孩子，又或者是你的上下级和同事。一个人的影响力的大小由他的地位和带领的团队的大小决定。所以越是高级的领导，越要学好公众成功的这几个习惯。一个高效能的人士，应该是一个既在事业方面成功，又在家庭方面十分成功的人，这才是平衡的成功，持久的成功。

如何取得这种成功呢？用双赢思维去思索处理事情是一个很有效的办法。要养成双赢思维的习惯，我们就要在行为上使体谅和勇气处于平衡状态（如下图所示）。

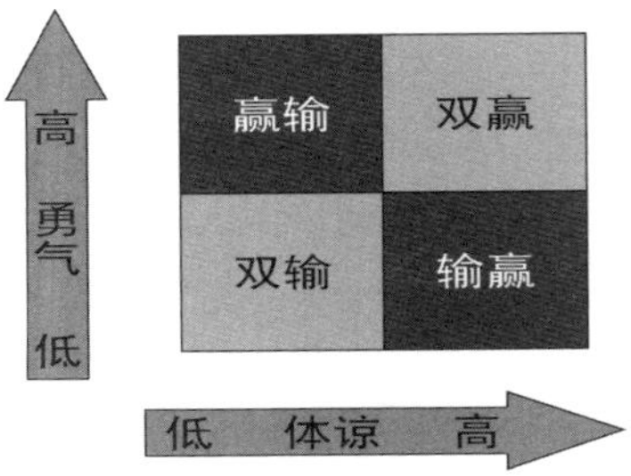

体谅－勇气矩阵

如果处理不好体谅与勇气之间的关系，就会造成相反的结果。大家可能都看过电视剧《亮剑》，其中李云龙、白鹿、田雨三个人在处理情感纠纷的一段对话，就是一个源于生活、高于生活、高度凝练的双赢思维的案例，看了令人感动，拿来与大家一起分享。请注意案例中三个当事人分别拥有的是一种什么样的思维模式，分别得到了什么样的结果。

白鹿：其实你表现出的大度倒是在我的预料之中。说真的，田雨，我很怀念咱们的中学时代，也很珍惜咱们的友谊。可你知道吗，我收下了你的礼物，并没有给你回信，因为从那一天开始，我就不打算再和你交朋友了，抢朋友的丈夫不是一件光彩的事，和你绝交了就是另外一回事了。

田雨：可是白鹿，我不想失去你这个朋友。你喜欢老李，这本身并没有错，甚至我认为，像你这样优秀的女性能够喜欢老李，我脸上多有光彩啊。白鹿，我是真心希望和你做朋友，我希望你不要对我有敌意。至少咱们应该说好了，不管结局如何，咱们朋友还是朋友，你说对不对？再说，老李他也不是件东西，不该让我们两个女的抢来抢去的，他有他自己的思想，自己的感受，我们应该尊重他的选择。

白鹿：听你这么一说，倒显得我心胸狭窄了。好吧，我同意你的话，无论结局如何，咱俩还做朋友。田雨，我知道我对不起你，可是你知道吗？在这个世界上，只有思想和爱情是无法禁锢的，道德和理智在爱情面前常常会显得很苍白！真的，我不知道怎样表达才对。

田雨：是的，是的，我只想跟你说，虽然我很爱老李，虽然我很爱他，可是在有些方面我做得很不好。我们在结婚的时候就有约定，如果有一天他不爱我了，就请他一定要告诉我。只要他说了，哪怕我爱他爱得深入骨髓，我也一定会离开他的。因为爱情是双方面的，要是靠乞讨，我宁可不要。白鹿，至少老李现在还没有跟我说他不爱我了，那我现在至少还是他的妻子，我不想背叛我们的誓言。

白鹿：田雨，这是一本苏联军事百科全书，你知道很少有女人去关心军事和战术，可我现在正在看这些。你知道这是为什么吗？我爱这个男人！我愿意为他做任何事情，包括培养我和他的共同语言，我可以不要自我，甚至荒废自己的专业，我可以不在乎他在生活上的一些小毛病，我不反对他抽烟，不嫌他抠脚，他满嘴骂骂咧咧都可以，他就是这样一个人，我不想改变他。跟我在一起，让他感到轻松，感到愉快。田雨，为什么这些感受他从来没有从你这里得到过？

田雨：对不起，白鹿，我想和老李说几句话。老李，我承认我以前对你的关心不够，这些，如果你给我机会，我会改的。我会好好地爱你，给你带来轻松和愉快，尽一个妻子的义务。我能做到的，请你相信我！

但是，我也不想因为要得到你而隐瞒我自己的观点，有些事情我做不到的，我也必须向你说明。比如像白鹿说的，她可以为了你放弃自己的专业，一辈子唯你是从。坦白地说，这点我做不到。

因为，我不想依靠你的地位，我只想做一个独立的女性，靠自己的努力去生活。我觉得，爱人之间应该平等，应该互相尊重，如果连这点都做不到，那爱仅仅是一种占有，就没有任何意义。爱情是双方面的事，要是靠乞讨，我宁可不要。

李云龙：小田，你听我说……

田雨：刚才，白鹿提了你的小缺点，她用了很温和的词汇，是不想伤害你的自尊心。可是我不想迁就你，我还是要用我自己的语言，我认为，那是一种很粗俗的嗜好，确实应该改一改，我承认，我以前的方法不太好，但我始终认为，没有受过良好的文化教育，这个不是你的过错。在战争年代，这些小节也无足轻重。

可是现在是和平年代了，你已经是个军长了，你应该做一个有良好举止和修养的军长，因为你代表的是中国军人（李云龙一脸的尴尬）。

老李，如果你还爱我，我愿意改掉我的缺点，我能保证，但是我不能保证在以后的共同生活中，我会处处顺着你，唯你的意志是从。我可能会发脾气，可能心情不好的时候会跟你吵架，会哭会闹，会让你心烦，甚至像村妇一样挠你一下，咬你一口，因为我也是个普通的女人，我心里不高兴的时候就不能向丈夫发泄一下吗？谁让你是我的丈夫呢？这才是正常的夫妻生活。

老李，我给你选择的机会，如果你不爱我了，那我马上跟你去办离婚协议。要是舍不得孩子的话，那么我也同意，让孩子跟你共同生活。当然，要是你不愿意和孩子一起生活，我也会好好教育他尊敬自己的父亲，我会保持和白鹿的友谊，经常带着孩子来看你们。如果你们有需要，我会为你们做任何事情，因为我爱你们。

李云龙：小田，你别说了，你别说了，我不想离婚。小张，这件事情你和小田都没有错，有错的是我，你错看我了。我这个人有时候是不太地道，按照家常话说是吃着碗里的看着锅里的，我承认我喜欢你，你关心我照顾我，还给我讲了很多的知识，我这辈子忘不了你，我欠你的。现在我明白了，我和小田是不能分开的，我的身体里流着她的血，我要是和她分开了，我这辈子血管里的这点儿血会闹腾得我睡不着觉吃不下饭。

小田说得对，我这个人不能太惯着，一惯着就容易出问题，她说了，不想太迁就我，该吵的时候还是要吵，这是实在话，这才是真正的夫妻。小张，对不起，请你原谅，无论到什么时候，我和小田都是你的朋友。

白鹿：李军长，千万不要说对不起，你有选择的权利，你选择了自己的妻子，是因为她比我更适合你，我祝你们幸福。田雨，你真是个聪明的女人，我佩服你，聪明得让我妒忌。别忘了你说过的话，咱俩还是好朋友，对不对？李军长，田雨，这件事情就算过去了，以后咱们再也不要提了。李军长，田雨，你们谈，我走了。

田雨真是一个了不起的女子，知道丈夫爱上别的女人时，她并没有采取像我们平常所见的那种过激的方式来处理此事。

处变不惊，才能掌握事情发展的方向。田雨并没有责备李云龙和白鹿，而是从情的角度肯定了李云龙的优秀，从理的角度肯定了与白鹿之间的友情，情理丝丝入扣。她的话如利剑般刺入李云龙的心，使李云龙为之尴尬；她的话又犹如甘露般滴入李云龙的心，使李云龙为之感动。

李云龙本来处于犹豫状态，田雨的话唤醒了他心灵中的天使，把他从这种状态中拉了回来。责任感与荣誉感使他知道不能离婚，意识到自己心里最爱的还是田雨，他豪爽地承认了自己的错误，最终还是选择了田雨。

白鹿处于矛盾状态，一边是最好的朋友，一边是最爱的人（朋友的丈夫）。她曾想过损害友情去得到爱情，但李云龙最终选择了田雨，她只能乖乖离开。田雨处理这场三角恋时采取的做法就是刚柔并济的双赢方式：既利用勇气夺回了丈夫，又利用体谅维持了与白鹿的友情。

田雨的故事给我们为人处世以很大的启示。

生活和工作中就是这样，交到一个朋友很难，但是得罪一个人却很容易。之所以这样，就是因为没有建立双赢互利的思想。在处理问题时往往是以眼还眼，以牙还牙。人对你有一善你不忘，这是好的；但人对你有一恶你不忘，这就不好了。

人与人之间的关系是建立在互敬互利的基础之上的，这样才能够做到双赢。越真诚、越积极、越投入、越坚持，对别人的影响力就越大。与人相处，有时候一句柔和的话，能够消除对方的怒气；一句刚烈的话，却会激起对方的怒气，使双方关系出现裂痕。

沟通要讲究方法和策略，要学会从对方的角度考虑问题，顾及对方的心态。更重要的是，只有自己怀着天使的心态，才有可能唤醒别人心中的天使。

生活是一个多姿多彩的舞台，而不是充满火药味儿的角斗场。人与人之间应该合作互利，处在勇气与体谅的平衡点上，采取大家都能接受的方式，唤醒别人心中的天使，使竞争变为合作，才能迎来人生的和谐。

秘书和老板搞事，你怎么看?

职场是我们离不开的人生舞台，上下级如何相处是一件令人头疼的事情。如果一个人遇到一个好的领导，那是他的福气，而大多数时候大多数的人并不能这样幸运。

如果一个人遇到一个多事的领导，要是他能像林肯面对一个悍妇那样面对这个领导（林肯说，女人和烈马都需要对方的宽容和忍耐），那这就是他的一个机会，否则这个上司就会是他的绊脚石。

思维方式不同，处事方式也不同，产生的结果当然也会不同。世事洞明皆学问，人情练达即文章。如何与上级领导相处，是一门做人的艺术。

良好的人际关系和处世技巧，将有助于你事业的提升。有些人即使遇到难伺候的领导也能够游刃有余，而有些人则会捉襟见肘，使工作陷入困境。

职场成功的第一要素，就是处理好你与领导的关系。海尔的张瑞敏说他成功的秘诀，第一是人际关系，第二是人际关系，第三还是人际关系。由此可见与同事、领导处理好关系的重要性。

这是一个曾经风靡互联网、风靡全球的案例，讲的是职场中再常见不过的上下级关系，双方的处理方法对每一个白领来说也似曾相识，最终却导致了不可想象的后果，真是发人深省。相信这个案例对每个想在职场有一番作为的白领都会有很重要的启发意义。请注意双方处理问题的方式，以及在背后支撑这种行为的思维模式。

2006 年 4 月，一起被称为“史上最强女秘书”的事件在网上被传得沸沸扬扬，轰动一时。

事情的起因是这样的：4 月 7 日晚，公司大中华区总裁 A 回办公室取东西，到了办公室门口才想起没有带钥匙，于是想到了女秘书，于是就给她打电话，让她回来送钥匙。当时，女秘书已经下班了，A 打了两次电话，那头始终是无人接听。A 大为光火，于是给女秘书发了一封言辞激烈的谴责信，并把这封信传给了其他几位高管。

接到谴责信的女秘书见招拆招，在回复给 A 的邮件中毫不示弱。更为严重的是，她还把这份邮件传给了公司里其他的人。不久之后，这封邮件便疯传于各大网站，A 因为此事最终离职。

在这起事件中，外企中一些白领尤其起到了推波助澜的作用。他们大多力挺女秘书，对她的做法表示支持，认为女秘书的做法是正确的，A 完全是无理取闹。

专家的看法则相反，他们认为女秘书表现得相当不职业，因为她处理此事的方法明显有误，采取的沟通方式更是不妥，违反的是职场明规则，而非潜规则。

人际交往是一门人生哲学，它有六大模式：利人利己（双赢）、两败俱伤（双输）、损人利己（赢/输）、独善其身（赢）、舍己为人（输/赢）、好聚好散（无交易）。

本文所举的案例就是一个两败俱伤的案例。站在老板的立场上，当然会说员工有点过激，可站在员工的角度，读到女秘书回复的邮件的人却会感到过瘾。如果员工在老板眼里都是工作的机器，而老板在员工眼里都是“资本家”，在这种不和谐的甚至是仇视的关系的支配下，最后只能是两败俱伤，没有一方能够幸免，好聚却不欢而散。

在职场中无论是与领导相处，还是与同事相处，双赢都是最好的结果。双赢就是大家互利互惠、达成共识、皆大欢喜，把不满意降到最低限度，合作才是大家共有的舞台。

在职场中要想双赢，必须做到以下几点：

第一，诚信。一切皆以诚信为基础，信守承诺是人与人之间双赢的第一步。

第二，责任。做事情要勇于承担责任。不能将功劳都归于自己，把错误都推给别人。这种人属于“吴三桂”那种类型，结果只能是众叛亲离、孤家寡人。

第三，理解。只有相互理解，才能相互尊敬、爱护。每个人都有尊严和价值观，领导与下属要相互理解，才能够共赢。谁都不会为不尊重别人人格的老板工作，同时谁都会解雇不尊重老板、说三道四的员工。

第四，理智。在工作中处理事情要理智，不能因为一点儿小事就过度激动，要斟酌利弊得失。女秘书的方式或许就有些欠缺考虑，任性地将邮件发给了其他人，造成了不良的后果。

母女关系的和谐之道

生活中你有过怕一个人的经历吗？在家庭中有父亲看到孩子就头疼的，有女儿看到妈妈就躲着走的，有先生怕太太的；在公司里有下级看到某个上级就绕道走的，有看到某位同事大家都伤神的，这些都是互赖关系中典型的冲突的表现形式。

照此下去不但于事无补，而且还会给大家心理上造成很大的压力，长此以往，甚至有的人会得精神忧郁症。这肯定不是我们想要的结果！那么怎么办呢？这里一个学员分享了她在家庭中处理她与母亲之间思想冲突的案例，希望会给大家以启发。

我来自东莞，已经是一个妈妈级的人物啦。记得以前，妈妈老是在我耳边不停地唠叨，整天说我这里不对，那里不对，一会儿吃得太热了，一会儿又回家太晚了等，简直让人烦不胜烦。

这渐渐使我形成了叛逆的性格，她不让做的事情，有时我偏要做给她看，她让我做作业我偏不做，她让我吃饭我偏不吃。看到她的话不灵了，看到妈妈生气了，我内心反倒有种胜利的感觉。

渐渐地，妈妈对我的脾气越来越不好，对我也越来越严厉，有时候还要追着打我。这也不是我想要的结果，我还真害怕她出点儿什么事儿。所以我平时就绕着她走，尽量不跟她打照面，两个人的关系十分紧张、尴尬，两人都承受着无形的压力。可是我结婚生了孩子之后，自己有了为人母的经历，才真正理解了“可怜天下父母心”这句话的意思，我渐渐地学会了理解妈妈。

我觉得妈妈是我这一生中最亲密的人，她所做的一切也是希望儿女们过得好，我们之间不能长期这样下去，否则造成的将是一种双输的结果啊！因为我对妈妈采取了躲避的策略，这是一种“高体谅－低勇气”的赢/输思维。

找准了原因，我就开始采取行动。我主动和妈妈说：“妈，女儿我好长时间没见你，还真感觉心里像缺少了点儿什么似的。我后来想明白了，原来是缺了您的数落，女儿我就爱听您数落，爱听您唠叨，这样我才能不犯错误，不做错事！”妈妈听完一下子高兴起来。我看这招灵验，后来每过一段时间就主动找上门来和妈妈聊天。这样妈妈高兴，我自然也高兴，我们俩的关系开始重新融洽起来。

之所以原来跟妈妈的关系僵硬，是因为我自己采取了一种“高体谅－低勇气”的赢/输思维。后来婚后养儿育女的经历改变了我的这种思维，明白了妈妈是自己生命中的重要关系人，她的“赢”只不过就是唠叨一下，希望

有个人听她说话，希望儿女们过得好而已。

有了这种心态上的改变，我才能在原来高体谅的基础上有高勇气——去向妈妈表达。有了这种双赢的做法，才最终有了我们之间的双赢结果。

大家看到了，这里这个年轻的妈妈，原来有怕自己妈妈的经历，实际上这种“怕”不是一种双赢的思维，而是一种“赢/输”思维模式，所以跟妈妈之间关系紧张，大家双输。后来她通过运用“高体谅－高勇气”的方法，采取了双赢思维的模式，最终才改善了跟妈妈的关系，“找回”了那个爱她的妈妈！

我们很多人或许也有这样的经历，或者正经历着与亲人关系的不和。从这个案例中，你学到了什么呢？

大客户太刁蛮，如何搞定？

职场双赢需要智慧与方法。尤其是面对客户时，很多客户经理、销售人员就是因为不得其法，致使功败垂成，给自己也给公司造成了损失。

客户经理、销售经理是个很锻炼人的职业，很多优秀的企业家都有从事这个职位的经历。

下文讲述的是个真实的故事，面对同一件事情，两个客户经理采取了不同的态度和做法，带来了截然不同的两种结果。让我们看看能够从中得到什么样的启发，请注意这个客户经理是如何在客户利益和公司利益之间取得双赢成果的。

有一年，公司分给我一个大规模的集团客户，原因是这个集团客户“很厉害”，曾投诉过原任的客户经理，导致原任的客户经理被迫离职。

当时大家都不愿意接这个烫手的山芋。领导想到了我，作为一个主管，我当然义不容辞，欣然接受了这一挑战（习惯一：主动积极）。

接手之后，我对这个集团客户的情况进行了了解（习惯二：以终为始）。我发现，这是一个有百人左右的集团，目前已经欠费 11000 元，但是其赠送账户上还有很多的余额。

按照公司当时的管理规定，赠送账户的话费是用来分月划扣的，不能直接用来抵扣话费。所以按照公司的规定，应该对这个客户做停机处理，客户交清 11000 元的欠费才能继续使用。

原任客户经理就多次催促客户交费，但是客户也很纳闷：我的账户明明有钱，你为什么非要我再交才行，难道我的钱都不能用来还我的欠费？

客户就是不交，客户经理催得紧了，客户就说：“不行，你不给我抵扣，我就是不交欠费，你敢给我停机我就告你，我就离网！”

双方一个要求交清欠费，一个就是不交，这样一来一去，搞得剑拔弩张。这个集团客户还投诉到公司，揭发原任客户经理的其他问题，要求更换客户经理，导致这个客户经理无法在公司继续做下去。

对这种情况，我进行了一个简单的分析：客户的需求，即以赠送话费抵扣欠费的方式，也有一定的道理，这是他的“赢”。我们的“赢”是要给公司创造价值。要达到这两个“赢”，我们为什么非要局限于不让客户用赠送账户的话费抵扣欠费呢？

我们让一步，让客户用赠送的话费来抵扣其欠费，同时让客户承诺不会离网，给我们一个明确的表态。

比如办理一个集团统付赠送，一次性预付一年的话费（如下表所示）。

双赢思维“T”字表

<table>
<tr><td rowspan="2">目标</td><td>客户的“赢”：</td><td>我的“赢”：</td></tr>
<tr><td>以赠送话费抵扣欠费</td><td>给公司创造价值</td></tr>
<tr><td>措施</td><td colspan="2">1. 帮助客户办理特殊申请，允许以赠送话费抵扣欠费。
2. 客户再办理一个一年期的统付赠送。</td></tr>
</table>

经过这样的分析，我就约了客户的关键人上门拜访。我首先对对方的立场表示了理解：“十分感谢您这么多年来一直对我公司的支持和信任，对您要用赠送话费来抵扣欠费的要求我表示理解，但是每个公司都有自己的一套制度，这个要求是不合乎公司的制度的，也请您理解我的难处。不过，我们总是能想到解决问题的办法的，您说是吗？我们公司现在有个集团统付预存赠送行动，如果您能够办理一个这样的预存赠送套餐，就等于给公司争取到了一年的话费优惠，我好回去交代，也可以试着向公司申请打破现有规定，破例允许你们用赠送话费抵扣欠费。这个

办法您看行吗?”

从对方充满惊喜的眼神里，我就知道这个问题的解决有希望了。果然，对方立即拍板：“好啊，咱们就这么做!”我回去向公司一申请，也通过了。

这个棘手的问题在我手里终于得到了解决，不仅如此，这个客户还一次性预交了一年的话费，给公司创造了更多价值。

案例中两种截然不同的结果，告诉我们与客户打交道如果直来直往，不讲究策略和方法，就会剑拔弩张、势如水火，最后造成的结果是客户的丢失和业绩的下降。

懂方法才能讲策略，有双赢过程才能有双赢结果。在与客户打交道时，可以采取以下几个步骤实现双赢：

1. 以客户心为心。即从客户的角度思考问题、理解问题。

2. 认清矛盾的主要方面。即问题的症结在哪里，找出客户的顾虑。

3. 找到平衡点，即双方都能接受的方案。

4. 实施最终的计划，达到成功。

【想事—做事—成事】

1. 思考自己跟家人的沟通属于哪种思维模式，告诉自己下一步准备怎样做才能使自己的家庭更幸福。

2. 有些人认为，案例中女秘书的行为违反的是明规则而不是潜规则。你认为她的行为违反的是明规则，还是双赢思维的“原则”?

3. 上下级关系是我们每个人都会遇到的另一种长期互赖关系。你与上下级相处融洽吗?你准备如何处理好它?

4. 用“高体谅－低勇气”的赢输思维去处理与亲人、朋友、同事、上下级的关系，关注对方语气和行为的变化，并将这种思维方式与身边的人分享。

习惯五：知彼解己

HABIT 5：Seek First To Understand, Then To Be Understood

亲爱的朋友，爱人、孩子可算是我们生命中最重要的关系人了，你可曾有过跟他们难以沟通的感觉？可曾有过觉得他们越来越陌生的感觉？想不想改善这种状况？

客户也是我们生命中的另一个重要关系人，因为他们是我们的衣食父母。不论你是一个政府官员、一个主持人，还是一个公司职员，服务对象和你之间的关系都是如此。你与客户之间可曾有过让你尴尬的冲突？可曾想过如何改善这种关系？

知彼解己（习惯五），就可以帮你很好地解决这类问题。

先让我们对这个习惯进行一次概览：

这是一个相互理解的习惯，一个人际交流的习惯。这个习惯告诉我们要在思想上树立以下原则：

PRINCIPLE（原则）：高效能的交流以理解为基础。

SEE（想事）：我听是为了理解而非为了回应。

行动上要学会以下方法：

DO（做事）：先诊断后开处方；同理心倾听；从对方的角度寻求解决问题的方案。

最后我们就会收到这样的效果：

GET（成事）：更加理解生活中对自己最重要的人；更快速地解决问题；提高自己的表达能力；增加个人影响力。

这其中有一些重要的东西值得与大家分享：

就如同医生开处方前一定要先诊断一样，我们跟别人沟通时，也要首先正确地理解别人，才能指望别人理解我们。对方获得理解之后才会感觉到你的尊重与认可，进而卸下心中的包袱，更自然地理解我们。这样我们便开启了真正的沟通，容易与他人建立真诚的关系。

理解别人需要体谅，需要学会用同理心倾听的方法，就是用自己的语言复述对方的意思和感受。说起来简单，但是很多人往往做不到，总是冷漠地不愿去理解别人或者按捺不住回应的冲动，不自觉掉入“自传式回应”的陷阱，从而贻笑大方。栽倒在这里的人不仅有著名的主持人、政府官员，而且还有白领、夫妻。反面案例能给我们更强烈的警醒。

争取别人的理解则需要表达的勇气，能够找到体谅和勇气的平衡点，则可以大大提升你人际沟通的效能。

同理心倾听可以给别人的心灵输送新鲜的氧气，能够唤醒别人心中的天使，给我们的生活带来和谐与幸福。

同理心小可治家、治企，大可治国、安邦！

只体谅没勇气，幸福迟来多少年？

同理心是从“知彼”的方式开始的。知彼不是要把对方压倒，也不是与对方展开唇枪舌剑的争斗，而是以理解对方为基础，真诚地倾听对方的意见。在让对方感受到人性的尊重后拿出方案，以和谐的态度说出自己的见解，大家达成共识与共鸣，最终达到“解己”，使事情达到预期的效果。

很多人不会用同理心倾听，致使局面陷入尴尬，朋友关系变得冷漠，甚至使生意财产遭受巨大损失。

一个北方女孩玲，2003 年孤身一人南漂来到深圳闯荡。她的梦想就是有一套属于自己的房子，把自己的爸妈接过来膝前尽孝，共享天伦之乐。2006 年，一个很好的机会摆在她面前，但是迅速与她擦肩而过。

那天周六，她老公出差，她一个人坐上巴士就去到处看房了。在看到万科地产的 × × 花园时，她一下就动心了，不论是房子的风格、质量、地段，还是价格，都十分合乎她的情况。她左看右看，最后决定在这里买一套房子，于是她到售楼处交了 2 万元的定金并签了意向书。

当天晚上，她就迫不及待地给她老公打了电话。没想到，没等她把话说完，她老公就生气了，斩钉截铁地说：“阿玲，这么大的事情你也不跟我商量就定了，你当买房子是在菜市场买菜啊！你给我退掉，我们现在还有很多地方要用钱，况且还会有更好的、价格更低的房子等着我们呢！”

那时候她很体谅老公，很怕他生气，也觉得自己做错了事，等她老公回来后，他们到售楼处去退房了。一般来说，意向书对退回定金是有很多限制条件的，比如退的时候是要扣除一部分定金等。但是为了退回这笔钱，玲和老公还是和售楼处的人恳谈了很久，人家倒还真是把原款退给他们了。

时间很快就给了他们答案，打那以后，房价似乎跟他们作对似的，从来没有降过，相反还不断地上涨。到2009年初，他们好不容易东凑西借，终于靠按揭买了一套属于自己的房子。但价格几乎比原来多了一倍，而且买到的还不是同样好地段的房子，实现梦想的时间也足足比原来晚了两年半！她和老公说起当初她想买那套房子的理由：价格很合适，今后还会涨价，可以很快实现他们的梦想等。老公这才恍然大悟，但他说：“你当初怎么不早说

是出于这样一个理由？如果你当初这样说，我一定会听你的！”

……

案例中的女主人公就是因为不懂得同理心倾听，在追求人生幸福的关键时刻，对自己的爱人只有体谅而没有勇气表达自己的想法，以致不能进行高效能的人际沟通，没法实现自己买房子的梦想，最终因无法提前实现心中的梦想而后悔莫及。不仅多花了钱，而且幸福还足足晚来了两年多！

高效能的人际沟通要求懂得同理心倾听的技巧。这种技巧看似柔和，实际上却能成就大事。同理心倾听就是在和谐的心态下，从尊重对方的见解入手，采取策略并解决问题于无形之中。

案例中的女主人公就是一个很好的例子。如果时间可以倒流，如果当初她能多拿出一点勇气表达自己的看法，如果当初她在老公生气的时候先以“高体谅”的心态，运用同理心倾听的技巧来“知彼”，之后再以“高勇气”的心态表达自己的投资思想，进而获得“解己”的效果。这样她成功实现梦想的时间就会提前两年半，而且肯定不至于付出这么大的代价！

职场中更需要懂得同理心倾听才能达到双赢。正所谓“让三分风平浪静，退一步海阔天空”，实际上“让三分”预示着得到十分，“退一步”代表着前进十步。当遇到问题时，对方越是情绪化，我们越要学会同理心倾听。据理力争能够成事，但同理心倾听的效果更好。与上级、同事沟通时，要站在对方的角度理解问题，建立同理心，才能做进一步的高效沟通。最不明智的做事办法，就是火冒三丈、以卵击石，最后的结果只能是鱼死网破。犹太人有句谚语说："石头砸瓦罐，倒霉的是瓦罐；瓦罐砸石头，倒霉的还是瓦罐。"这句谚语形容的就是那种莽撞做事的人。

熊孩子太任性，怎么搞定？

同理心倾听可以给别人的心灵输送新鲜的氧气，唤醒的是别人心中的"天使"，给这个世界带来的是和平与幸福。而自传式回应则像一张饼贴到了别人脸上，使人窒息，唤醒的是别人心中的"魔鬼"，给这个世界带来的是混乱和灾难。

这是一个同学在听了同理心倾听之后，在课后讲的一个真实的故事——一个反面的案例。相信我们很多人在青春年少的逆反心理阶段，或多或少有相同的体会，看了不免让人心情沉重。为了让大家知道同理心倾听是如何帮助大家解决这类问题的，我在后面附了一个正反面对比的类似案例。

父与子的对话（一）

子：上学真是无聊透了！

父：怎么回事？

子：学的都是些不实用的东西。

父：现在的确看不出好处来，我当年也有同样的想法。可是现在我觉得那些知识还是很有用的，你就忍耐一下吧。

子：我已经耗了10年了，难道那些X加Y能让我学会修车吗？

父：修车？别开玩笑了。

子：我不是开玩笑，我的同学王明辍学后学修车，现在月收入不少，这才有用啊！

父：现在或许如此，以后他后悔就来不及了。你不会喜欢修车的。好好念书，将来不怕找不到更好的工作。

子：将来我不知道，可是王明现在很成功。

父：你已经尽了全力了吗？这所高中是名校，应该差不到哪儿去。

子：可是同学们都有同感。

父：你知不知道，把你养到这么大，你妈妈和我牺牲了多少？你已经读到高二了，我们不许你半途而废。

子：我知道你们牺牲很大，可是不值得。

父：你应该多读书，少看电视！

子：爸，唉，算了，多说也没用。

……

父与子的对话（二）

子：上学真是无聊透顶了！

父：你对上学有很深的挫折感？

子：没错，学校教的东西根本不实用。

父：你觉得读书对你没有什么用？

子：对，学校教的不一定对我有用。你看王明，他现在修车技术一流，这才实用。

父：你觉得他的选择正确吗？

子：从某个角度看确实如此。现在他收入不错，可是几年后，他或许会后悔。

父：你认为他将来也会觉得当年自己做错了决定？

子：一定会的，在现在的社会里，教育程度不高是会吃亏的。

父：你认为教育很重要？

子：如果高中都没毕业，那就上不了大学，也找不到工作。有件事我真的很担心，你不会告诉妈妈吧？

父：你不想让你妈妈知道吧？

子：跟她说也无妨，反正她迟早会知道的。今天学校举行阅读能力测验，结果我只有小学程度，可是我已经高二了！

父：我有个想法，也许你可以通过上补习班提高阅读能力。

子：我打听过了，上补习班的话，每个星期要耗掉几个晚上！

父：补习的代价太高了。

子：而且我答应同学，晚上另有节目。

父：你不想食言吧？

子：不过如果补习真的有效，我可以想办法跟同学改期。

父：你其实很想多下点儿功夫，又担心补习没用。

子：你觉得会有效吗？

……

以上两种交谈方式所得到的效果是完全不同的。第一个案例中的父亲没有运用同理心倾听，以致儿子拒绝了父亲的建议，最终选择辍学。第二个案例中的父亲采用了同理心倾听，从儿子的角度考虑问题，最终使儿子接受了自己的建议。

很多人说的话往往是负面的，和他沟通如同掉入千年冰牢。不懂得用同理心来解决问题，只能使别人的困境雪上加霜。这样的沟通不是在成事，而是在毁事。这样的人不是在帮助鼓励人，而是在“毁”人不倦。

蒙地·罗伯茨在上学时，老师布置过一道作文题：“长大以后的志愿”。他一下就写了七页纸，尽情地描绘了他想拥有一座牧马农场的美丽梦想，甚至还画出了一张牧场平面图。可当他把作文交上去以后，老师却在上面批了一个大大的“F”（最低分）。蒙地很不服气，去问老师：“为什么我只得了F?”“你没有钱，没有家庭背景，你什么都没有，绝对不可能建造这样的牧场，你这是白日做梦。”老师最后加了一句，“如果你把作文重写一遍，将目标定得现实一些，我会考虑重新给你评分的。”蒙地回家后思考了很久，最后还是决定将原稿交上去，并对老师说：“老师，我的梦想不会因为分数而改变。”

事隔30年，这位老师带着一群小学生到一处风景优美的度假胜地旅行，尽情享受着无边的绿草、舒适的住宿及香味四溢的烤肉。享受之余，他望见一名中年人向他走来，并自称曾是他的学生。这位中年人告诉他的老师，他正是当年那个作文不及格的小学生，如今，他拥有这片广阔的度假庄园，真的实现了儿时的梦想。

老师望着眼前这位庄园主，想到自己38年来不敢有梦想的教师生涯，不禁感叹：“38年，因为自己的原因，

不知道用成绩改掉了多少学生的梦想。而你是唯一保留自己的梦想而没有被我改掉的。”

美国第28任总统威尔逊说：“我们因有梦想而伟大，所有伟人都是梦想家。他们在春天的和风里，或是冬夜的炉火边做梦。有些人让自己的伟大梦想枯萎凋谢，但也有人灌溉梦想，保护它们，在颠沛困顿的日子里细心培育它，直到有一天得见天日。这些是诚挚地希望自己的梦想能够实现的人。”

可见，一个人的一句话真的很重要。如果没有同理心会把人带入绝境，甚至会毁掉一个人的梦想和未来。凡事不要以自我为中心，要建立同理心，用发展变化的眼光看待问题，把别人带入光明的境地，唤醒别人心中的天使，激励别人不断向前奋斗。

不懂倾听，主持人闹笑话

我们都知道，倾听是知彼解己的前提。倾听的正确做法是“同理心倾听”，而相反的做法则叫做“自传式回应”。同理心倾听好像是给别人一股心灵的氧气，是你给对方情感账户的一种“存款”行为，使得你们的关系愈加牢固；而自传式回应则使人窒息，是一种严重的“提款”行为，轻者使你的人际关系破裂，重者使你身败名裂。

下面两段内容是某主持人与被采访者的对话，都是典型的自传式回应的例子。

【大娘篇】

主持人采访一位有钱的老大娘，老大娘想招干女儿。

主持人：您觉得应聘的“女儿”中，您与哪一个最有缘？

大娘：我觉得三个……

主持人：（打断）三个都还可以吧，你现在选择的女儿来了吧？

大娘：来……

主持人：（打断）来了是不是？

大娘：是的，她……

主持人：（打断）那没选上的女儿，是不是不好意思推辞？

大娘：这个问题嘛……

主持人：（打断）那你跟这三个女儿还是在来往吗？

大娘：这个嘛……

主持人：（打断）还在来往对不对？

大娘：嗯，是这样的，我要说……

主持人：（打断）对，我觉得这样挺好的。

大娘：呃……

主持人：（打断）这样的日子过得很快乐对吗?

大娘：呃，快乐？但是……

主持人：（打断）对，你们真的很快乐，你们永远都会这样对不对?

大娘：我们永远……

主持人：（打断）好了，现在节目结束，谢谢我们的嘉宾，谢谢大家!

大娘：谢谢，主持……

主持人：这一期的节目就到这里，再见!

大娘：人……

主持人采访这位大娘时，总是不断打断对方的话头，使沟通很难继续下去，造成采访上的障碍，使采访发生了角色转移，由采访对象变成了主持人自己的强硬问话。这次采访，似乎主持人没有做充分的准备，也没有了解大妈的心理，只是机械化地进行问话。

【患者篇】

有一次，主持人采访一个男性艾滋病患者，对方说到自己还想生一个小孩，但是他已经有了个女儿。

主持人：是不是特别想要个儿子?

男士：也不是。

主持人：肯定是。

男士：真不是。

主持人：我觉得就是吧。

男士：……

主持人的提问，使采访陷入尴尬的气氛。她没有从艾滋病人的角度考虑问题，也没有问艾滋病人为什么想再要一个小孩，只是一味地坚持自己的观点，以自我为中心使得别人无言以对。这就使采访无法进行下去。

其实人与人之间都需要互相理解与尊重。谁都不能保证自己的言行百分百正确，凭什么让别人都听从你。每个人都可以自由地表达自己，不应该总打断别人的表述，否定别人的一切。只有在和谐的氛围里，社会才能向前发展，大家才能万众一心，成就事业。

真正英明的领导与优秀的职员都懂得同理心倾听，不会自以为是地否定别人的一切，都能静下心来听别人的意见，使工作和谐团结地进行下去，不会出现主持人采访时那样的冷场。如果采用强硬态势来做事，别人表面服从你，实际上带着抵触情绪来工作，那工作效果一定不好。本来圆满的事情却做不到位，甚至会功败垂成。

同理心倾听是客户沟通的润滑剂

销售工作中同理心倾听尤为重要。不懂得同理心倾听，可能会使自己丢掉生意，影响薪金收入，甚至会影响到自己的发展前途。很多人在做销售时，不是一名销售人员，而是辩论赛的辩手，先唇枪再舌剑，最后用唾沫星子把客户淹死，客户最终是体无完肤，只能拂袖而去。销售人员的辩论胜利了，但逞一时口舌之快的结果是生意泡汤了。

那销售人员怎样做才能建立高效的沟通，做成生意，最终与客户建立长期的良好关系呢？

如何成功处理客户的投诉？请看下面的案例。

有一位客人，在一家商场买了一件上衣。但是衣服褪色，将他的脖子都弄黑了，这天他找到这个商场。售货员甲在他没有说完时就打断了他的话："我们已经卖出了数千件这款衣服，你是第一个来挑剔的人。"（暗示顾客不诚信，刁钻）

售货员乙："所有的黑色衣服都要褪一点色，没有办

法，这种价钱的衣服就是这样，那是染料的关系。”（暗示顾客贪小便宜，买便宜货）

这时经理走了过来，他采取了三个步骤：

1. 他静听客人从头到尾讲这件事情的经过，不说一个字。

2. 客人说完以后，售货员又想插话表达他们的意见，但是经理表示的确看到顾客的脖子被弄黑了。并且说，如果不是顾客满意的东西，店里就不应出售。

3. 他承认不了解这里面的原因，并且征求客人的处理意见。

本来这个客人是准备退货的，现在他改口了，问是不是有可以补救的办法。经理说：“建议您再试用衣服一星期，如果到时还不满意，请拿来换一件满意的衣服。对给您带来的不便，我们表示抱歉。”但是，一星期以后，衣服再没有褪色，客人也恢复了对商店的信任。

经理采取了同理心倾听的方法，从客户的角度考虑问题，让客户感觉得到了尊重，最终和客户达成了共识，恢复了客户对商店的信任。

经理采取的方法是：

1. 先了解问题，再分析问题，最后抓住问题的要害。

2. 同理心倾听，不反驳对方的意见，使对方的情绪由激动过渡到恢复平静。

3. 制订策略，从对方的角度寻求解决问题的方法。

4. 快速地解决问题，在表达中增加个人影响力，与客户达成共识。其实在同理心倾听中，最忌讳的就是说“不”“我认为”“你错了”，甚至是讽刺对方，这样会使沟通无法进行下去。考虑问题不能单一，要辩证综合地看，抓住对方的心理，采取合理的策略，使事情向光明的方向发展。

一句“NO”，美联航为天价拒赔“买单”

古人曾说，一言兴邦，一言误国。这句话放在企业界同样适用。很多企业的口碑就是从顾客的一句赞誉开始的，也有很多企业在顾客的批评中烟消云散。

以下是2009年金羊网的一则报道（记者宗禾）。由于工作人员对客户的投诉处置不当，导致美联航不得不无条件满足客户的赔偿要求，而且还搭上了股票市值瞬间蒸发1.8亿美元的恶劣后果。相信这个案例对我们很多从事服务行业的工作人员、公司都有很好的借鉴意义。

加拿大歌手戴夫·卡罗尔去年春天搭乘美国联合航空公司的一架客机，前往美国内布拉斯加州旅行时，随身携带的一把价值1800英镑的名贵木吉他在芝加哥市的奥海尔机场被美联航的行李运输工摔坏了。在长达1年的时间里，卡罗尔试图心平气和地和美联航进行交涉，希望美联航向他赔偿大约1000英镑的吉他维修费用。

然而，美联航消费者服务部有一名叫做艾尔威格的工作人员，她对卡罗尔的索赔要求置若罔闻，总是冷冰冰地回他一个字："不！"

愤怒的卡罗尔决定用音乐的方法对美联航展开"报复"。他将美联航"拒赔"事件编成一首歌，拍成了视频歌曲《美联航摔坏吉他》，接着将这段音乐视频上传到著名的YouTube视频网站上。

《美联航摔坏吉他》音乐视频上传到YouTube网站

后，竟在短短10天内就获得了近400万人次的点击率，成了互联网上最红的视频之一。而在这几天中，美联航的股票价格也暴跌了10%，相当于蒸发了1.8亿美元的市值。美联航的高级主管全都惊呆了，他们确信公司股价暴跌是这段音乐视频惹的祸。

高管立即“亡羊补牢”，和卡罗尔取得了联系，主动表示愿意向他无条件赔偿维修吉他的费用，并且还答应向他赠送价值700英镑的飞行优惠券。据美联航官员称，他们希望将《美联航摔坏吉他》用作内部培训的“反面教材”，从而对公司员工进行警示，确保该航空公司的所有顾客都能在未来得到更好的服务。

虽是旧闻，但是对生意人仍有警示作用，从事服务业的朋友更应引以为戒。有人笑谈互联网时代千万不可以得罪任何人，因为，一旦你的公司或你个人的大名上了互联网，坏事可能瞬间就可传至千里乃至万里之外。“美联航事件”就是一个极具代表性的案例。

本案例就是很多企业失败的缩影。艾尔威格小姐没有以同理心处理此事，只是生硬地说了一个“不”字，就打发掉了戴夫·卡罗尔。可这个“不”字的代价太昂贵了，它以整个公司作为赌注，给公司造成了巨大的损失。好事不出门，坏事传千里，美联航的市值瞬间蒸发了。如果艾尔威格小姐即使说了“不”，但能给戴夫·卡罗尔一个合理的说“不”的解释，也不会酿成这个无法挽回的悲剧。

遇到事情要冷静，以同理心倾听为突破点，才能有高效的思考力、行动力、执行力，最终解决问题。高效的人际沟通是在遇事时处变不惊，并能采取正确策略的情况下进行的。

下面这个小故事同样发人深省。

一个富人穿着乞丐的装束，去一家银行存二分钱。银行的服务小姐看到富人的装束及存款数额时，以蔑视的态度回答了存款的程序，富人失望地离开了这家银行，来到了另一家银行。另一家银行的服务小姐以热情的态度为他服务，并没有因为他的装束及存款数额少而轻视他。办理完二分钱的存款后，富人拿出了一个亿的巨款存到了这家银行。他说存在这里他放心，因为这家银行连乞丐都不轻视，连二分钱的存款都办理，这是一家值得信赖的银行。

故事的结局就是第一家银行的经理听到了这件事后，把那个没有同理心的服务小姐开除了。第二家银行给予了那个热情接待顾客的服务小姐很大的奖励。

有同理心才能懂得尊重，才能从对方的角度考虑问题，进而与对方建立良好的关系，为公司、为自己争取荣誉、带来利益。正所谓一招不慎，满盘皆输，人际沟通中不能带着轻视心理，在倾听对方的问题时要静若处子，找到问题的关键点，才能在解决问题时动若脱兔，完美地实行策略，最后达到“get - 成事”的结果。

【想事—做事—成事】

1. 体谅身边的人，但是不能没有指出错误的勇气，“只体谅没勇气”就变成了“放纵”。在培养双赢思维习惯的过程中，找到可行的方法并亲自实践。

2. 双赢思维“T”字表，是一个很好的寻求双赢的工具。将目前所遇到的问题用这个工具进行处理，可以试试看它能否帮你解决问题。

3. 日常工作生活中，面对自己的重要关系人，如客户、家人、朋友，你能做到同理心倾听吗？评估一下你在他们的情感账户的“存款余额”，设想一下你将要如何通过同理心倾听来维持、改善与他们之间的关系。

4. 找一个和客户沟通的场景，运用本章所学的同理心倾听技巧与之沟通，观察客户的反应，试试改进倾听技巧。

习惯六：统合综效

HABIT 6：Synergize

亲爱的朋友，你在工作和生活上可曾碰到过一些百思不得其解、令你茶饭不思的问题？可曾碰到过团队的力量竟然小于个体力量之和的情况？每当碰到这些问题的时候，是不是很想找到一些解决这些问题的方法？

本章的习惯六——统合综效，就能很好地帮你解决这些问题。

让我们先对这个习惯进行一次概览：

这是一个关于创造性合作的习惯。这个习惯告诉我们要在思想上树立以下原则：

PRINCIPLE（原则）：整体大于部分之和。

SEE（想事）：携起手来我们能够创造出更好的方法。

行动上要学会以下方法：

DO（做事）：珍视和庆贺差异；实践创造性合作。

最后我们就会收到这样的效果：

GET（成事）：能够欣赏不同的观点；有更多的创新与发明；更加有效地处理矛盾冲突；在面对问题和机遇时能找到有创意的解决方案。

这其中最值得与大家分享的就是统合综效的“三步法”：

第一步：审视愿望。当面临挑战或者机会时，我们要从这样一个问题开始问相关各方：“你，我，我们，是否愿意找到一种比现在更好的方法？”

第二步：反映观点。每一方在陈述自己的观点前，一定要先复述他人的观点，直到对方满意。

第三步：创造新的想法。提出并提炼新想法，反复加深对问题的理解，直到找到令大家都感到振奋的第三方方案。

统合综效的欢喜冤家

如何实践统合综效的习惯，获得统合综效的效果呢？我们必须要有一种“珍视和庆贺差异”的心态，这是实践统合综效的前提。没有这个前提，我们的团队就谈不上取得1+1大于2、大于10、大于100甚至大于1000的效果，最多也就只能取得1+1=2的效果。那么我们的团队也就只能称得上是个“团伙”，我们的合作就更谈不上实践统合综效和取得公众成功了。

一说到“珍视和庆贺差异”这个话题，往往会遇到很多学员的挑战。他们会马上反问：“在一个团队里，大家不能容忍在目标问题上的看法有差异存在。如果大家都对目标三心二意，各行其是，那不乱了套了？”

带着这个疑问，我与全班的同学做了一个实验。这个实验的名称就叫做“‘口’字加两画，能写出多少个字”。

游戏分三个环节。第一个环节，我问大家估计可以写出多少个字来，一般都回答七八个。接着，我让每个学员自己拿一张白纸，在纸上面开始写，看看能写出几个字来。一般来说，写出7个字已经很好了。但是在第二个环节，我让大家7个人一组重新开始写。结果，每个组都写出了15个以上，甚至有20个，这令很多学员大吃一惊。到了第三个环节，我让写出最多字的一组把他们的结果挂出来，全班学员再对其补充，结果一下子又写出30个来。很多学员看到了结果都目瞪口呆，因为这是一个人的力量所无法做到的！

通过这个实验，学员们一下子看到了“珍视和庆贺差异”的力量！前面那些提出异议的学员也终于明白，虽然在目标一致性问题上不能容忍异端，但是，在目标形成的过程中和为达到目标而奋斗的方法上，我们都要珍视和庆贺差异，这样才能取得统合综效的结果。

在我的引导下，学员们的视线马上回到日常生活中来。最让人忍俊不禁的是一个学员联想到发生在他的家庭里的趣事。

从小我就看到爸妈总是吵架，但他们吵完了架又像什么都没发生过一样，甚至吵架之后两人的关系还更好了。我长大以后，有一次他们又吵架了，我就不耐烦地说：“你们俩老是吵，吵什么啊？烦死人了！”结果妈妈一句

话说得我哑口无言：“小孩子懂什么，我们在一起这么多年啦，我们有我们自己的沟通方式，你不懂！”

现在，在这个课堂上，他终于明白了，父母的这种行为就叫做“珍视和庆贺差异”，这是他们在多年婚姻生活中所形成的一种独特的沟通方式，他们很享受这个过程。夫妻俩吵架之后，之所以关系没破裂反而还更好了，就是因为有“统合综效”的作用在其中，像这样的夫妻就叫做“欢喜冤家”！我们要珍视和庆贺他们自己独有的沟通方法！

这些实验和案例告诉我们，在公众社会中，如在家庭、公司、社区、国家等这些组织里，我们所有的思维方式、做法都不能以自己的标准去要求别人，都不能用自己的“有色眼镜”去看待别人，更不能以自己的标准去衡量别人。否则，就会堵上差异的大门，掐灭创新的苗头，扼杀团队的能量。我们要珍视和庆贺差异，这样我们的家庭才会更和谐，我们的团队才会更有能量。

救活了一个公司和家庭，靠什么?

“高效能人士的七个习惯”课程中的基本原理看起来都十分简单，就像空气和阳光一样，简单到大家似乎都忘记了它的存在。但是在一个好教练的指导下，只要你用心去体会、去运用，就会感受到它那无比巨大的力量，就如同用空气中的“H”造出氢弹，如同用阳光造出激光一样，这种爆炸性的力量足以改变整个世界。

这世界上唯一不变的就是变化的力量。当一个人体会到这种力量时，发挥自己的潜能，他的整个人生就会得到改变。

为了让大家体会这个简单方法的威力，我们选取了××公司作为分析对象，因为它拒绝招收一个乙肝病毒携带者而使公司形象大受影响。请大家帮助××公司想想办法，看看如何解决这个问题。

接受培训的同事们分小组讨论并发言。第四组的组长是个女生，她一开场就把这个问题的难度提高了8度，说：“假设我们是一个食品企业的员工，我们都是人力资源部请来的相关部门的代表，今天我们讨论一下，看看如何帮助公司解决这个问题。”

A首先发言：“作为一个食品企业，我坚决不主张招这样的人，这样的事要是传出去，我们的企业还怎么经营？”

B首先概括A的意思，然后表达他自己的观点：“不雇用这样的员工，我们才会引起社会的反感，才会给我们公司的品牌带来负面的影响。”

C概括前两个人的意思：“不雇用会使企业形象受影响，雇用也会使企业形象受影响。我们可否将这个人招聘进来，与他商量好，帮他再找一个待遇更好的公司。”

受此启发，D马上想到：“那何不安排他到我们集团公司的其他分公司，或者不直接接触食品的子公司、分公司去？然后在公司内多做乙肝知识的普及和宣传。”

E也马上想到：“不论把他放在哪个地方，竞争对手或许都会以此来说事。我们不如把他招聘进来，给他发工资，专设一个类似‘外部代表’的岗位，他不需要到公司上班。这样做的好处有两方面：第一，竞争对手不能以此制造话题；第二，我们可以利用此事进行公关宣传。这样非但不会给公司的品牌形象带来负面影响，而且还会带来正面的影响。而我们因此支付的一年4万元的工资，远比我们专门去做广告节省多了！”

一个比大家最初的想法更好的新方案产生了，它使大家眼前一亮，感觉到问题解决了，感觉到了新的力量。如果把当初令人头疼的问题看作平淡无奇的空气的话，那后面的这个新方案就是令人振奋的氢弹！（习惯六：统合综效）

无独有偶，这个简单到像水和空气一样的“三步法”也帮助我解决了一个棘手问题。

一天，我突然接到一个老朋友A的电话，他说在老家的商店遇到了经营上的瓶颈。为了完成任务，他用营业款去购买厂家的产品，结果欠缴营业款，产品也卖不出去，全都积压在自己家里。现在厂家催缴这些营业款，如果他再拖欠，就停他的工号，甚至将取消他的渠道商资格。

他自己寝食难安，无暇关照小孩，家庭到了几乎破裂的地步。于是他想彻底放弃这笔生意，将这个商店转出去，所得收益不仅可以补齐营业款，而且还有一个可观的溢价。

我先了解他的处境，“知彼”之后开始“解己”，表达自己的观点（习惯五：知彼解己）：“我认为从这个商店可以溢价出手的情况看，产品市场还是很有前景的，你现在遇到的是黎明前的黑暗，说什么也要渡过难关。不如我们几个朋友给你凑点钱尽快交了算了。”

过了一会儿，另外一个哥们儿打电话过来，跟我说：A 这个商店不能再经营下去了。工作是为了生活，A 现在因为经营不善寝食难安，家庭几乎破裂，说明他已经到了目前的工作不能使他更好地生活的地步了，不如放弃算了。

我用同理心倾听了这个哥们儿的看法，觉得他讲得有道理。但是这就出现了一个问题：不干可以得到家庭的幸福，干或许今后还有更好的商业前景。有没有一个“新方案”呢？

经商是要靠智慧的，我马上想到了承包经营：A 不擅长经营管理，何不将商店承包给那些善于经营还能享受商业乐趣的人来经营呢？A 只做老板或者投资人，不插手经营和管理，每月可坐收红利！于是，我马上打电话给 A。从他电话里激动的语气就知道这个办法使他如释重负！

从对生活失去信心到重新振作，这仅仅是花费 10 多分钟

时间就做到的事情！而这些全都得力于一个简单的“统合综效三步法”。参见下图：

综合统效三步法

要想有更大的成就，就要不断审视自己，听取别人的意见，在综合衡量中做出正确的抉择。

愿望是一朵美丽的花，如果不仔细审视，看它是否适合周围环境，种错地方就会很快枯萎。很多人之所以在美丽的梦想中虚度年华，就是因为他的梦想不切合实际，也没有与周围的人进行交流，最后留下的也只是虚无的梦。

团体的力量胜过个人的力量，众人拾柴火焰高。别人的观点可能与你有差异，但其中一定有值得你借鉴的地方。正所谓智者千虑，必有一失。要学会有效地处理不同的矛盾与冲突，找到解决问题的最佳方案，让每一个人都满意。在此基础上，再开始提炼能让大家都满意的观点，进行创新，做锦上添花的工作，使自己在工作或生活的创新中不断前进。

如何带出以弱胜强的虎狼之师?

现在的社会中，团队合作意识受到了前所未有的重视。合作才能成事，分裂则会失去向心力。没有凝聚力和向心力，团队只能是一盘散沙，任风吹拂。在非洲，一只蚂蚁的力量是微小的，但一个蚂蚁军团会让老虎心寒，会让狮子胆战。只有建立团队精神，才能以少胜多，以弱胜强，所向披靡。

一位学员在课上讲述了自己实践统合综效的经历：

9月的一天，在华工的操场上，我们分公司组织团队活动，其中一个项目是男女混合拔河。由于是按科室分队，所以力量很不均衡，我们这队的4男3女，一看就让人感到人单力孤，而对方的队友则人高马大。两边的观战者不时发出坚定的判断：“你们两队别比了，你们输定了。”对方的队员也这样告诫我们：“干脆直接进入下一轮得了。”但是作为一个队长，我不能让我的队员不战而败，宁可“战死”也不能不战而降。

在一片不看好声中，我把我的队员拉到一边，问大家：“大家谁对拔河有经验？给大家说说我们应该怎么办才能赢？”

“我说说。”说话的是分公司年龄最大的梅梅姐，“拔河应该七个人对面站立，而不是站在绳子的同一边，这样才能使队形保持稳定。另外，还要注意前面一个人的后脚一定要抵着后面一个人的前脚，而不是让两只脚交叉站立，这样才能发挥三角形的稳定性。”

“我也说说。我们的外形没他们大，但是我们有灵活的优势。我们能不能以我之长攻敌之短——我们派一个最灵活的人站在第一位，一听号声立即发力，比对手最先、最快发力。一旦把对方拉过线了，他们就很难再拉过去了。”说这话的是瘦高个子阿强。

阿强说的队头位置的安排挺有道理。我们的队尾也很重要，队尾要起到稳定我们这个队伍的作用，要让一个“重量级”的人在队尾才稳当。让阿超去坐镇队尾。

最后，我总结陈词，要大家按照这三条规矩开始迅速排兵布阵。而对手则严重违反了这几条。

胜利更加验证了我们的策略是正确的，由于是淘汰赛，胜出者必须跟其他组的胜出者再进行比赛，总共要比别人多出场两次才能最终夺冠。出乎意料的是，我们这支队伍竟然走到了最后，成了冠军！

通过运用统合综效的方法，我们这支弱队战胜了强大的对手，我不仅感受到了人际关系的力量，也体会到了“1+1大于10”的力量，这真是一种美妙的感觉！一个团队的力量为什么大于每个人相加的力量？为什么有些团队是乌合之众，而有些团队则精诚一心？这都取决于一个团队是否能做到统合综效，尤其是这个团队的leader，这就是所谓“兵熊熊一个，将熊熊一窝”啊！

这个案例给了我们很大启示：

1. 要想收到以弱胜强的效果，团队配合很重要，但团队的领导也很重要，因为他是团队的领路人。俗话说：“一只狮子领导一群绵羊，这群绵羊都会变成狮子；一只绵羊领导一群狮子，这群狮子都会变成绵羊。”因为团队的文化里贯穿着领导的精神。

2. 集思广益，合理运用所有人的观点。去粗取精，去伪存真，取其精华，去其糟粕，最后由领导者制订出最有利的方案。制订方案尤为重要，当普鲁士要向法国收复失地时，他们提前很多年就制订了作战方案，方案的详细度甚至落实到了每一个士兵身上，比如占领哪条街道、占领哪一条小河等。

3. 发挥团队优势，激励士气，以一当十，以十当百。孤家寡人是不能完成大事的。没有完美的个人，只有完美的团队。无论罗纳尔多的球技多么高超，他都不可能独自一人赢得世界杯。只有充分发挥团队的优势，才能战胜对手，甚至付出最少的力量就能获取最大的成功。

【想事—做事—成事】

1. 将你现在碰到的棘手问题，用统合综效三步法操作，看看它能否帮你解决问题。

2. 在职场中，两个团队实力相差悬殊，却经常要争夺同一个目标，怎么做才能以弱胜强？请从身边人类似的经历中找到方法，并用“统合综效”的方法来加以验证。

3. 一个团队要实现统合综效，leader 很关键，你认为 leader 需要具备哪些能力？

Ⅳ
在不断更新的习惯中成就高效能人士

Accomplish Highly Effective People in the Habits of Sharpen the Saw

想事—做事—成事，助你持续成功

是不是养成了个人成功的三个习惯、公众成功的三个习惯之后，就可以坐等成功敲门了？

当然不是，因为事物都是发展变化的。《高效能人士的七个习惯》之所以能够一直被推崇，其中的一个原因就在于它讲述的一个重要习惯——不断更新（习惯七）——为这门课程注入了可持续发展的活力。

这个习惯告诉我们，一切成功——个人成功和公众成功，都是“0”，唯有我们自己才是“1”。我们要不断地从“see（想事）-do（做事）-get（成事）”的角度对自己的不同方面进行不断更新，使前面有了“1”，后面的“0”才有存在的意义。那么，不同的方面是什么呢？在这些方面应该如何想事—做事—成事呢？让我们拭目以待……

习惯七：不断更新

HABIT 7：Sharpen the Saw

亲爱的朋友，你有持续学习的好习惯吗？当然，这些学习不仅仅包括学校的学习，还包括走向社会后的学习。你可曾发现并思考过，为什么有些往日在学校里默默无闻的同学走向社会后让大家刮目相看了，而有些曾经学习成绩优秀的好学生则变得平庸了？你可曾想过一个团体、一个企业要如何持续学习才能在激烈的市场竞争、社会竞争中立于不败之地吗？

这些疑惑，都能在本章讲述的这个习惯里得到答案。

让我们先对这个习惯进行一次概览：

这是一个关于更新的习惯。这个习惯告诉我们要在思想上树立以下原则：

PRINCIPLE（原则）：要保持和提高效能，我们必须在身体、心理、智力和精神四方面不断更新自我。

SEE（想事）：呵护下金蛋的鹅，而不是只为得到金蛋。

行动上要学会以下方法：

DO（做事）：在身体、心智、心灵和人际关系四个方面循序渐进；关键时刻能经得住考验。

最后我们就会收到这样的效果：

GET（成事）：能力提升，人际关系加强，持续进步；发现自己的成长和提高，使心情更加愉快，生活也更有目的；找到了工作和生活的平衡点。

这其中有一些重要的东西值得与大家分享：

对个人来说，我们的生理、心智需要不断更新，但我们的人际关系更需要不断更新，特别是与我们生命中的重要关系人保持良好的人际关系。学习不仅仅是学校里才有的事情，走向社会后，能够不断更新自己实际就是一种学习。这种持续的学习能力才真正决定了我们的生活质量，而要做到这一点，关键看你能不能经得住时间的持久考验。

做雄鹰还是做蜗牛？

人生就是一个不断奋斗的过程，在奋斗中不断进步，在奋斗中不断成长。很多人不懂得坚持，不懂得每一天都是新的，因而在失落中失败。人每天都要进步，哪怕是每天只进步了一点儿，那也是在前进，不积跬步无以至千里。有人成功，是因为他不断修正自己，使自己的能力逐渐提高。有人失败，是因为他故步自封，陷入了习惯的陷阱。

天赋是天生的，但能力和道德是后天修炼出来的。只要努力，没有什么是不可能的。

新东方老板俞敏洪曾公开表达过对不断更新自我的生动理解。

> 有一个故事说，能够到达金字塔顶端的只有两种动物。一种是雄鹰，它是靠自己的天赋和翅膀飞上去的。我们这儿有很多雄鹰式的人物，很多同学不需要太努力就能达到高峰，在北大毕业以后可能很轻松地就能进入哈佛、耶鲁、牛津、剑桥这样的名牌大学继续深造。
>
> 但是，大家也都知道，有另外一种动物也到了金字塔的顶端，那就是蜗牛。因为在金字塔顶端，人们确实找到了蜗牛的痕迹。蜗牛肯定只能是爬上去的。从地面爬到塔顶可能要一个月、两个月，甚至一年、两年。但是，同学们所要知道的是，蜗牛只要爬到金字塔顶端，它眼中所看

到的世界，它收获的成就，跟雄鹰是一模一样的。

所以，也许我们在座的同学有的是雄鹰，有的是蜗牛。我在北大的时候，包括到今天为止，一直认为我是一只蜗牛。我一直在爬，也许还没有爬到金字塔的顶端。但是只要你在爬，就足以给自己留下令生命感动的日子。

人的一生是奋斗的一生，但是有的人一生过得很伟大，有的人一生过得很琐碎。如果我们有一个伟大的理想，有一颗善良的心，我们一定能把很多琐碎的日子堆砌起来，变成一个伟大的生命。但是如果你每天庸庸碌碌，没有理想，从此停止进步，那未来你一辈子的日子堆积起来，将永远是一堆琐碎。

雄鹰和蜗牛的天赋与起点不一样，但它们的终点是一样的。社会青年未必就比大学生差，小职员经过努力也能成为老板。

生命可以平凡，但绝对不能平庸，只有奋斗才有机会赢得成功。奋斗的过程就是升华生命的过程。人只有自强才能自立，只有从身体上、心灵上、心智上、人际关系上不断提高自己，才能在事业上有更大的突破。俗语说："笑到最后的人才是笑得最好的。"因为笑到最后的人都是能坚持、有毅力、肯吃苦的人。

从差等生到亿万富翁，他经历了什么？

每次讲课讲到"高效能人士的七个习惯"中的"不断更新"这一习惯，尤其是讲到人要不断地从身体、知识、心灵、人际关系这四个方面不断更新自己的时候，同学们往往会谈到他们毕业后的同学聚会。大家感触最大的就是在校时的成绩差异并不代表多年后成就的差距。

下面是一个同学在课堂上讲给大家听的一个真实故事，让我们着重看看它对我们的知识更新、人际关系更新会有什么启发。

> 我有一个小学同学现在已经是亿万富翁了，他在江苏做珠宝生意。上一次他来广州出差，我接待他。与他同行的是他的董事长，这个公司他们俩各有股份，两人已经合作十五六年了，但看得出来，"东家和掌柜"的关系仍然十分默契（人际关系的不断更新）。
>
> 这个同学跟我一起读初中的时候，是全校有名的差等

生，每次全班排名，他肯定是最后一名。因为生活在单亲家庭，当时大家都有点看不起他。他在学校里也显得与大家不是十分和谐，不知道家庭问题是不是影响他学习成绩的一个原因。

这个同学实际的学历是连初中都没有毕业，然后就去社会上闯荡了。当时，北方老家的乡里乡亲做什么生意赚钱他就跟人家学什么。虽然他连初中都没有毕业，但是学起这些生意经来特别快，没过几年就在当地小有名气了。

当地人还在固守传统生意阵地的时候，他却看到了一个更有前景的市场——人们生活富裕后，做珠宝生意必定很有前途（知识的更新）。果然，他现在在珠宝界已经身价过亿。

他是一个北方人，当时只身闯江浙。这个新的生意机会其实是他跟江苏人做生意的时候发现的。带他入行的朋友，就是他现在的董事长。

春去秋来，而今两人已经合作十五六年了，他们的关系仍然这样融洽，你能说这是偶然的吗？你能说他没有把社会这本书读懂吗？他虽然没有把学校里有字的书读懂，但他却把社会这本无字天书读得很透彻了。

一切都是在发展变化之中的，如果你自己的变化赶不上外在环境的变化，那你迟早是要落伍的，迟早是要付出代价的。如何才能做到这一点呢？那就是要持续不断地从身体、知识、心灵、人际关系这四个层面更新自己——这就是高效能人士的第七个习惯！

如何找到你人生的“贵人”？

社会是一张复杂的关系网，人际关系很重要。因为成功不一定要完全凭借自己，朋友的帮助、贵人的提携也十分重要。正所谓“跟着凤凰走是好鸟，跟着乌鸦走是黑鸟”。世有伯乐，然后才有千里马。你的贵人是你生命中的伯乐，是你事业成功的导师。你生命中的贵人给你的帮助会让你少走弯路，在你迷茫的时候给你指出奔向成功的方向。

以下这篇来自网络的文章着重体现了人际关系更新的重要性。

现实生活中，很多人不具备成功的潜质，但他们仍然可以成功，重要的原因是跟对了人。比如《西游记》中的沙僧，智商和情商都极为普通，但是他跟了唐僧和孙悟空，依然获得了成功，这就是跟对了人。有谁会认为他不是一位得道的高僧呢？假如他没有加入唐僧这个团队，没有去西天取经，他可能就在流沙河平平淡淡了此一生，成为平庸之辈了。

香港某杂志曾经针对港岛的上班族做过一个调查，结果在所有受访者中，有70%的人表示有被贵人提拔的经历。在他们当中，年龄越大的人受提拔的机会越大。尤其是50岁以上的受访者，几乎每个人都曾经遇到过贵人。受访者中凡是做到中、高级主管的，有90%受过他人的栽培；而自己创业当老板的，竟然100%受到过贵人的帮助和提拔。

跟对人，你可以少走很多弯路。

跟人是一门高超的艺术，是基于美好愿景的、积极主动的人生选择（习惯一：主动积极）。跟对人，你的人生很可能就会因此改变，会少走很多弯路。上马的时候有人扶，摔倒了有人搀，落水时有人向你抛救生圈。没有跟对人，不仅损耗精力、时间和金钱，还会消磨你的信心和耐心，你一辈子的努力可能赶不上人家几年的进步。

历史和现实生活中，众多成功人士的背后，往往都有贵人的身影。他们紧跟着贵人，受到贵人的提携和帮助，有的人甚至最终取得了超过贵人的成就。因此，你一定要在职场中寻找到自己的贵人。

谁是你的贵人？

贵人可能是某位身居高位的人，也可能是让你钦佩崇拜的人，他们多是成功人士。他们胸怀大志，眼界开阔，不计较一时的得失，他们善于学习，长于交往，乐于助人，厚待下属。不论在什么环境下，他们都能有效地影响和控制群体的行为。你跟着这样的人，应该是聪明之举。当然，他也应该是你的良师益友，和你是“伯乐与千里马”的关系，而不是利用与被利用的关系。

雅虎的崛起就是一个很典型的例子。当年，杨致远和几个同学拿着雅虎的策划书，屡屡遭到投资人的拒绝。孙正义毅然拿出 2 亿元，并提出只占 35% 的股份，这才有了今天的雅虎。当然，孙正义也由此获得了 200 亿元的巨额回报。李宁的成功也是因为在飞机上认识了一位后来给他做顾问的朋友，在他的帮助下，李宁品牌在中国迅速走红。所以，善待我们周围的人，或许他们就是你一生的贵人！

不要忘记和背叛你的贵人。

有些人在受人提携、功成名就之后，生怕别人说自己的成功是靠给人家“提鞋”换来的，往往想将过去掩饰，口口声声说“一切都是靠自己打拼”，绝口不提贵人的帮助。有的人甚至背叛贵人，跟贵人动“刀子”，恩将仇报。这种人不是君子，他对自己目前的能力缺乏起码的自信。

贵人也有遭遇坎坷的时候，这时候你不要离他而去，要在精神上和生活上给予他和他的家庭更多的关怀和帮助。千万不能因为别人骂他而与之“划清界限”，更不能忘恩负义，反戈一击。要知道，人的命运往往是身不由己的，谁都难免有犯错误或走背字的时候，但这并不能表明他就是一个品德败坏的人，也不表明他从此会一直没落下去。即便他深陷囹圄或一蹶不振，只要你始终如一，凭自己的良心对待他，总有一天，会有更多的贵人来帮助你。

好风凭借力，送我上青云。一个成功的人，往往身边都有一大堆朋友的支持。这个世界上的任何事物都不是孤立存在的，而是相互联系的有机体。牛顿是站在无数巨人的肩膀上才取得了那么大的成就的，可见一个人是永远无法只靠自己就能完成大使命的，单枪匹马独闯长坂坡的故事只能出现在小说里。

想要成功，就要找到那个给你“慧眼”、助你成功的贵人，就要建立你自己的社会交际的“因特网”。

伟大公司都有一部“登天梯”

人的潜能就像潜在的小宇宙，需要合适的驱动力才能爆发。不能及时更新自己，迟早会被淘汰出局。正像刘德华《今天》中所唱的：“如果要飞得高，就要把地平线忘掉。”也就是说，一个人要想腾飞，就要持续不断地更新自己，确立更大的目标，如同英国前首相乔治所做的那样：每走过一道门就随手把它关上。

企业也是如此，也要有合适的驱动力，也要不断更新。下面是我写的一篇针对中国移动公司的时评，看看中国移动该怎样实现再次腾飞。

如果把整个泛通信产业竞争比作F1赛场的话，那么中国移动就是这个赛场上暂时跑在前面的一部赛车。但这部赛车明显缺少了一个驱动，为什么？

如果把一个企业比作一架能够让员工、股东等利益攸关者一起登天的梯子的话，它的形状应该有点儿类似于“H”，才能保持稳定。但而今中国移动这部天梯则是畸形的“h”型，只有经理人晋升或者说行政晋升一条路，也就是说大家的干劲都是靠这个“行政级别”来驱动的。

出于对行政晋升的追求，人们身上蕴藏着的生产力得以发挥，从而聚合成为推动公司前进的动力。但大家都知道，行政晋升并不是很多人的动力之源，与行政晋升相比，技术进步、能力成长对他们更有感召力。如果这个力量没有发挥出来，企业就无形中无法把这部分人身上的动力发挥出来。特别是企业里那些有经验有能力的老员工，他们常年积累的力量就无法得以传承。所以世界上很多伟大的公司比如华为，比如爱立信等，在公司内部除了行政晋升之外还有一条路径——那就是专业晋升。

专业晋升的价值我用一个比喻给大家来解释，大家都知道刘翔和孙海平。他们一个是运动员，一个是教练，如果孙海平跟刘翔一起跑，你认为谁会跑得快？一定是刘翔跑得快，那为什么孙海平给他做教练呢？如果没有孙海平，刘翔自己是否也可以跑得这么快呢？答案是否定的！

那么教练的价值体现在哪里？究竟有多大？以我的切身体会给大家举个例子。我自己虽然游泳水平一般，但我善于总结学习游泳的规律，如果你按照我教的方法去做，我可以保障你三天内学会游泳 这就是一个教练的价值所在——提高了学员的效能！原本在 B 教练手下要一个月才能学会的，在 A 教练手里三小时就学会了，A 教练的价值和水平比 B 教练高了很多倍。没有教练的情况下，一个人可能需要几个月，甚至一年才能学会。

而今激烈的市场竞争使我们即使在使尽了浑身解数、血流成河的情况下，也只能前进半分一毫。但如果有教练指导的话，就可以使我们企业的效能提高十倍、百倍。这些成果的取得只不过是源于思路的变换——当别人都忙于砍柴的时候，我们把眼光从“柴”移到了“锯”上，去“磨锯子”了。

那么是否每个人都可以做教练？教练有没有核心能力呢？教练能力不是每个人都有的，他要具有能够挖掘事物规律的天赋，具有战略素质。这不是一种可以教授的技能，而是一种与众不同的思维方式。

如果要举个典型的人物为例，除了孙海平之外，彼得·德鲁克也是一个很好的例子。他深知自己具有“旁观者（Bystander）”的天赋优势，正是最大限度地发挥了这一优势，才奠定了他“管理学之父”的地位。如果没有他，世界的管理学发展进程起码要延迟很多年。

专业晋升的典型表现就是建立我们的“专家队伍”。专家的价值就在于他们能够通过自身的才能来促进公司这个“法人”不断更新，给公司带来爆炸式的增值！

泛通信产业今后的竞争，将不再是几个电信运营商这样的庞然大物之间的竞争。虽然中国移动有先发优势，但这些后来者也各有优势。在这种条件下，中国移动这部“大赛车”今后能不能继续跑在前面，就要看这部赛车能

否被升级，具体说就是能不能迅速给自己再装一部发动机，增加一个驱动。

上面这篇激情四射的文章告诉我们，转变思路很重要。赛车手只有更新自己，才能有加持力获取成功。企业要想飞腾，就要不断地更新自己，有持续的前进力，这样才能让基业长青。

第一，更新企业的价值观，建立先进的企业文化，在这种文化的驱动下，企业才能加速度前进。

第二，价值观的建立，取决于能够为企业提供加持力的专家。专家改变企业的价值观，会让企业获得巨大的效益。如案例中所说，专家的价值就在于他们能够通过自身的才能，来促进公司这个“法人”的不断更新，给公司带来爆炸式的增值！

在职场上要想晋升，从小职员变成精英人物，就要不断更新自己，驱动自己，让自己升级。

首先，要从习惯、观念上更新自己。只有具有开阔的视野、与时俱进的思维，才能在职场上不断调整自己，达到更高的层次，取得更大的成就。

其次，要为自己定一个目标，为了这个目标锻炼自己的专业技能，使自己在业务上得心应手。

最后，寻找能够让自己发挥潜力的老师，让老师点燃你生命的小宇宙，改变你的思维方式。

习惯改变人生

融会贯通——如何有效落地开花

非常荣幸我在13年前读了史蒂芬·柯维博士写的《高效能人士的七个习惯》，在美国，《高效能人士的七个习惯》这本书影响力仅次于《圣经》一点也不为过，此书的重磅级作用不言而喻。感觉每读一遍此书就像与史蒂芬·柯维博士进行深度交流，开拓了我的视野，赋予我强大的精神力量，它正如一盏明灯，指引我走向更宽更广的人生之路。

中西文化的差异，决定着实践运用的差异，如何将《高效能人士的七个习惯》中国本土化实践运用非常重要，本书就是立足于传播《高效能人士的七个习惯》的中国实践。非常荣幸我能参与本书的撰写，将我十几年来的实践落地与读者们分享，都说“知易行难”，互联网时期获取知识很容易，可真正做到七个习惯，需要不断修炼与实践，具体用“三力”即思考力、学习力、坚韧力和“三习惯性”即习惯性赋能、习惯性行动、习惯性幸福就能帮助你快速有效实践，使之落地开花。

思考力，让你的思维撬动主动积极弦

俗话说思想是行动的指南，一个人要改变原有的心智模式与旧有习惯，需要更多的独立思考：我现在已具备哪些好习惯？哪些不良习惯从今天起开始改？人只有静心思考，先改变观念，意识到自身不足，才能真正地付诸行动。

人工智能时代，让一切都变得非常便捷，可我们很多人却处在“忙、盲、茫”的迷雾区，现实中忙工作，忙学习，忙聚会，忙送孩子上补习班……于是生活变成盲目的忙碌，在忙忙忙、盲盲盲中变得很迷茫，工作及生活效率低下。怎么样才能走出“忙、盲、茫”迷雾区？其实“七个习惯”就是落地思维与工具。当你每天主动积极思考人生，你过的就是“积极主动”的人生；当你天天都在抱怨上司不理解、同事不支持、家人不理解、孩子不懂事，你过的就是抱怨的人生，而你的抱怨也在影响着你的孩子；当你天天都在为梦想奋斗，你过的就是斗志的人生……我们每天的生活状态首先始于我们的信念，学会主动积极思考，凡是往好处想，做自己的“天使”而不是“魔鬼”，你会发现每天都有不同的精彩。

学习力，以终为始实现人生逆袭

这是一本不分年龄层次阅读的书，这些习惯越早修炼越好，我女儿胡晓妍在11岁学习了《高效能人士的七个习惯》，成为七个习惯的受益者——传说中“别人家的孩子”，是周围人眼中好学乐学的“全能学霸”。她经常跟她父亲讲什么是“目标管理”，什么是“成功少年的七个习惯”，时时讲出让大人们惊叹的金句：“普通人眼里的成功，也许是上名校+好工作，而在哈佛学生眼里成功便是家常便饭。”“时间是最昂贵的，一分钟的懈怠，意味着千万人的超越。”她的学习效率高出其他学生一倍，她把每天的学习目标变成思维导图，学习每门课程时画思维导图以便于记忆复习，她的时间管理精确到每分钟。她经常与全班同学分享：学习力就是竞争力，它决定着我们未来可以走得有多远，能否达到远方的梦想，实现人生逆袭！

英国有一部纪录片叫作《人生七年》，片中访问了 12 个来自不同阶层的七岁的小孩，每七年再回去重新访问这些小孩，到了影片的最后就发现：富人的孩子还是富人，穷人的孩子还是穷人。但是里面有一个叫尼克的贫穷的小孩，他到最后通过自己的奋斗变成了一名大学教授，可见命运的手掌里面是有漏网之鱼的，而且现实生活中寒门子弟逆袭的例子更是数不胜数。

我反复看超级演说家冠军刘媛媛《寒门贵子》励志故事，刘媛媛以超强的学习力，用三个月时间从后进生考上北京大学，通过不断学习与练习，夺得超级演说家冠军。我特别欣赏刘媛媛讲的“命运给你一个比别人低的起点是想告诉你，让你用你的一生去奋斗出一个绝地反击的故事。这个故事关于独立，关于梦想，关于勇气，关于坚忍，它不是一个水到渠成的童话，没有一点点人间疾苦，这个故事是有志者事竟成，破釜沉舟，百二秦关终属楚，这个故事是苦心人天不负，卧薪尝胆，三千越甲可吞吴”。

2018 年 7 月，我家晓妍踏上了美国哈佛大学、西点军校、耶鲁大学等六大名校游学之旅。哈佛是出精英人才最多的地方之一，她在哈佛大学系统学习了三天“成功少年的七个习惯”

“演讲与口才”“时间管理”等课程，原来“成功少年的七个习惯”与“高效能人士的七个习惯”一脉相承，庆幸她早已在修炼七个习惯的路上。在哈佛的三天，让她触动特别大，哈佛凌晨四点钟学习的学子不是小说情节，而是一个个哈佛学子的奋斗励志故事，哈佛学子的视野就是把成功当作家常便饭！

而在西点军校，她更加深刻领悟到“合理的是锻炼，不合理的是磨炼”这句格言的内涵与自律的重要性。在世界上最大的耶鲁大学图书馆，书香漫漫，知识海洋汇聚。读万卷书，也要行万里路，她更加领略到知识的浩瀚无垠，领略到学习力就是竞争力的真谛……她终于明白了父母省吃俭用却奢侈给她去游学的良苦用心，她的视野与格局更大，更坚定朝着世界名校梦想出发！

回国后，她开始对人生有了更多的思考，学会了时时刻刻运用“主动积极”的思维模式，“以终为始”明确了自己的奋斗目标，以“要事第一”管理自己的时间，学会高效学习。她开始用哈佛学子的模式去实践，不断提升自己的学习力。她每天放学后晚一点去吃饭，晚上下晚自修后多做题。她当上了班长，成为了一名志愿者，学会用思维导图提高学习效率，用思维导图帮助同学学习并一起进步达到双赢。她发挥极限实现3晚写完4000字专业论文，考试获得年级第一名，帮助同学进步年级100名……她用学习力不断提升自身的竞争力。在青春的年纪里永远不要选择安逸，因为梦想一旦付诸行动，就会变得神圣。也许目标未必一定会实现，但蓦然回首，自己曾努力奔跑过。正如习近平总书记所言：我们都在努力奔跑，我们都是追梦人！人生无论起点在哪里，只要我们拥有足够强的学习力，我们就可以绝地反击，我们就拥有更强的竞争力，离自己的梦想更近一点！

坚韧力，为成功之路加码

本书中介绍“主动积极、以终为始、要事第一、双赢思维、知彼解己、统合综效、不断更新”七个习惯的中国实践，采用生活工作中大量通俗易懂的案例和生动形象的图表进行阐述，并告诫大家，在现实生活中，学会并遵循这些原则，追求人生平衡，才能享受真正的成功和恒久的幸福，把七个习惯作为准则，日积月累养成以下优秀的习惯：为人处世积极主动，事事向好处想；树立“以终为始”的愿景和目标，凡事以结果为导向；对待客户、朋友、消费者等从“双赢思维”出发；开启实质性创造，做到“要事第一”；“知彼解己”让自己扬长避短，找对改进方向；追求与他人的“统合综效”的高效合作；生活在日新月异的时代，任何时刻都保持“不断更新”的思想。

我经常与学员们分享“不是你不够优秀，而是优秀的人比你还高效努力”，人与人之间最多的差距在“高效”一词，这也是七个习惯帮助我们快速成为高效能人士的重大价值。但是如何才能长久实现高效？需要把个人领域的习惯与公众领域的习惯融汇起来，以“双赢思维”借助他人的高效，让高效成为习惯，需要恒心和毅力，需要坚持，坚持，再坚持，需要“水滴石穿”与“铁可磨成针”的韧力，才能真正更好地把七个习惯融会贯通。

习惯性赋能，让自身永带光芒

作为一名讲师，我十年如一日把“以终为始”习惯作为所有讲授课程的开篇，在每次课堂上给所有学员赋能，把七个习惯精华分享给五湖四海的学员。而我作为七个习惯的终生受益者与倡导者，学习大师的思维方式，内心深处形成共鸣，边学边用，知行合一，内外兼修，真正学会高效能人士的思维方式和行事风格。这让我时时刻刻都能量满满，也改写着我的平凡人生：走出大山，立足广州；成为世界名企重要一员，学员满天下；独创“家庭绩效管理系统”；践行“事业、家庭、公益”比翼齐飞的三分之一理想，公益足迹遍布全国；时刻传递正能量，发挥“聚是一团火，散是满天星”的精神；时刻用生命影响生命，给周围的人赋予满满的能量。

习惯性赋能，需要时常怀一颗感恩之心。因为感恩，心中充满了爱和温暖，生活中所触及到的是人世的暖，所感知到的是人世的美，无论遇到人生的风风雨雨，都以阳光般的心态面对生活，学会快乐地工作，学会发掘自己蕴藏着的内在活力、热情和巨大的创造力，乐于挑战一个个不可能，挑战极限，把“不可能”变成“我能行”。当然，正所谓人有悲欢离合，月有阴晴圆缺，每个人在一生之中总会碰到不如意的事，这就是人生的低潮，赋能的人永远自带光芒，是经得起任何困难和挫折的考验的，而生活绝不是源于某一重大的事情或改变，是靠累积而成的，无论是那些刻骨铭心的经历，还是那些点点滴滴的瞬间，因为赋能，不再抱怨；因为赋能，不再孤单；因为赋能，正能量满满；因为赋能，主宰自己的命运！

习惯性行动，迈向卓越人生之路

梦想如果不付诸行动，就是空想。我们现实生活中不乏空想家，所有的习惯只有真正行动起来才能得到真正的改变，否则都是空谈，我们不要做“思想上的巨人，行动上的矮子”，我们要养成习惯性的行动。都说习惯养成需要 21 天，那我们马上写下计划开始 21 天的习惯养成行动，也许从郭守敬测天的故事中能更多感受到实践和行动的力量。

郭守敬是元朝天文学家、水利学家，制定了《授时历》，创制和改良了 10 多件天文仪器。郭守敬自幼“巧思绝人”，一生之中勇于实践和革新，在水利学、天文学和数学等方面，都有很高的成就。

1276 年，元世祖下令修订新历法，郭守敬参与其中，他建议“历之本在于测验”，为朝廷所采纳，朝廷在全国各地设立了 27 个天象观测点，为编制新的历法而搜集着各种天文气象资料。1281 年，新历法《授时历》颁行天下，各地司农官积极推广。《授时历》以 365. 2425 日为一年，合今天是 365 日 5 时 49 分 12 秒，经现代天文学家鉴定，它和地球绕太阳一周的实际时间只差 26 秒。

都说“实践是检验真理的唯一标准”，没有经过实践检验的理论，不管它多么漂亮，都会失去分量，不会为人所承认。实践和行动是人生的基本要务；学问和知识不过是手段、方法，0. 01 永远大于 0，任何时候行动都为时不晚。只有真正践行七个习惯，珍惜好光阴，不负青春年华，把握机遇，把握最好时代，用行动撬动梦想，行动才会离成功更近一步！

习惯性幸福，成就幸福人生

人生有四种模式即“享乐主义型”“忙碌奔波型”“虚无主义型”“幸福型”，我们有没有深思过自己想过哪种人生？“享乐主义型”的人及时享乐，放弃未来；“忙碌奔波型”的人牺牲现在，追求未来；“虚无主义型”的人抛弃人生，既不享受现在，也不对未来抱任何期望；“幸福型”的人则享受现在的生活，努力让自己的未来获得更多的幸福！如果我们之前是处于前三种状态，那么，从现在起我们应该努力让自己成为“幸福型”的人。首先从改变心态做起，做积极主动的人。其实生活就像一面镜子，你对它笑，它也会对你笑；你对它哭，它也会对你哭。我们应该笑对生活，凡事从“我不得不做”变为“我想做”，换一种心态和视角去生活。每个人都有机会拥有幸福和快乐，关键是如何认知和寻找适合自己的幸福方式，所以请不要错过身边的每一个幸福站点，成为幸福的主宰者，掌控幸福的方向，每天都做快乐而又有意义的事情，找准人生定位，朝着所定的目标去努力，既享受现在，也收获未来！

其实幸福可以通过训练来获得，可以让幸福成为一种习惯，建立家庭幸福系统。例如：每天早上幸福冥想 10 分钟，想想让自己快乐的事情；每周陪小孩出去玩一次；每月看一场电影；等等。努力让自己成为一个有规划、有规律的人，做自己喜欢做的事情，真正让幸福成为一种习惯，而且让幸福习惯越来越多，自己就会觉得越来越幸福。另外，每天记下5件值得感激的事，让感恩也成为一种习惯，这样我们会更多地珍惜生活中的美好，如领导及同事对我的关心，朋友对我的帮助，女儿唱着“我的好妈妈”亲手递过来一杯热茶……学会享受每一天的幸福！

成立“幸福董事会”，让我们过得更幸福。金钱和声望并不等同于幸福，幸福是工作、学习、娱乐、人际交往等的综合体。我们应该在自己的生活圈里，成立“幸福董事会”，让亲人、朋友、同事等都成为董事会的成员，规划好人生路线图，让彼此之间互相支持、互相帮助、互相监督，经常注入“幸福强心剂”，实现快乐而有意义的人生目标，携手同行，患难与共，发挥“幸福董事会”的重要作用，让成员之间同肩前行，彼此之间给予更多的鼓励与支持，共同分享幸福经历，共同分担忧愁，这样我们会过得更幸福，收获更多的幸福红利！

习惯改变人生，愿你善用此书，立足实践和改变，不断修炼七个习惯，事事想到最终想收获的结果与实现路径，从实现一个个小目标开始，掌握书中七个习惯的练习方法秘诀，融会贯通加以实践，持之以恒精进，相信你自己会成为自己想要的样子，成就卓越人生，幸幸福福过一生！

【想事—做事—成事】

1．你身边有没有这样的例子：有些天赋不太好的同学工作以后，反倒成了同学中发展最好的，而一些天赋很好的同学却变得平庸了。从中你能得到什么样的启发？

2．你希望养成哪些不断更新的习惯？设想一下，在这个过程中会遇到哪些困难，想出克服困难的方法，将它写下来。然后从本周开始，确立自己的周计划，看看将会出现什么样的结果。

3．在你目前的职业生涯和生活中，你知道谁是你生命中的贵人吗？你准备怎样去不断更新与他的人际关系？

4．实践不断更新的过程就是将七个习惯融会贯通，不断想事、做事、成事的过程。将读此书以来实施的计划成果做一下整理，为成为高效能人士打下坚实的基础。

后记：从《想事做事成事》到《人生七彩虹》

《想事做事成事》，这本被史蒂芬·柯维博士称为“中国版的七个习惯”的、写中国人如何实践“高效能人士的七个习惯”的案例集，现在已经再也买不到了。在网上，即使淘二手书，其价格也已经远远超过一手书原价，甚至好几倍的价格也买不到。为什么？因为原书出版以来很受欢迎，已经脱销很久了。于是，这些年，我不断收到读者要求重印、再版的反馈。但因为机缘不到，所以一直没有做这件事。直到有一天，我遇到了广东人民出版社的副总编辑柏峰，这件事才被敲定，因为柏总是个独具慧眼的伯乐。所以本书的出版首先要感谢柏总和她领导的广东人民出版社团队。经过他们审核，原书多处需要做与时俱进的更新，重印是不可能的，所以就有了这本《人生七彩虹》。

在此，给大家讲讲我出这本书的心路历程，以及本书里所涉及的一些应用“七个习惯”解决真实问题的案例。

讲师这个职业，是一个给人“赋能”，让人更快前进的职业。他通过对别人的教导、知识的分享，使得别人能够更具能量，从而克服工作中、生活中所面临的困难。

作为一个讲师，我的人生使命就是“让您前进得更快”。通过出版这本书，告诉大家更多更有效的想事、做事、成事的方法，从而赋予大家更多的能量，让更多的人能够分享这份感动，让更多的人前进得更快，让公司更兴旺，让社会更和谐！

现在，仔细回忆，由我传递出去的能量而使别人“前进得更快”的例子越来越多。

通过本书的“主动积极”的方法，很多人走出了找工作难的困境；很多职场白领提高了自己的执行力，改善了跟老板的关系，重新获得老板的支持；很多买不起房子的人由蚁族住进了别墅。

通过本书的“以终为始”的方法，一些不会游泳的人学会了学习方法，提高了学习能力，从而很快就学会了游泳（甚至3小时就学会了）；一些人改掉了自身的坏毛病，更快地达成了自己的工作生活目标；一些企业走出了他们被人误解的困境。

通过本书的“要事第一”的方法，更多的人从“忙”（“心亡”）状态中得到了解脱，找到了生活和工作之间的平衡点，找到了幸福的感觉。

通过本书的“双赢思维”，更多的人看到了如何击败小三，捍卫自己家庭的方法；学到了跟老板、跟客户的相处之道；懂得了如何获得和谐的家庭关系、母子关系和上下级关系。

通过本书的“知彼解己”，更多的人懂得了如何唤醒他人心中的天使，从而解决了关于刁蛮的客户、任性的孩子的烦恼。

通过运用“统合综效”的方法，朋友成功解决了“手机店经营不下去”的问题，感受到了能量。

通过持久的“不断更新”，很多人找到了生命中的贵人，明白了学校里的差等生也可以成为“亿万富翁”，特别是本书的第二作者古灵老师如何应用七个习惯带出一个优秀的孩子的案例，更是给大家巨大的能量。

以上这些都是本书能量的具体体现，但仅仅是其中一个很小的部分。相信本书的出版，将使更多的人感受到这些“想事、做事、成事”的方法的力量，而且这些能量将传递给更多的人，让更多的人前进得更快！其实我们每个人身上都潜伏着巨大的能量，每个人心中都有一个天使，本书就是让大家发现并运用这种能量，从而成就自己的事业！

这本书的出版还要感谢“高效能人士的七个习惯”这门经典课程在中国的独家代理——睿仕管理顾问有限公司，感谢大中华区原总经理陆强先生和王璐小姐，他们积极联系富兰克林·柯维公司，包括柯维博士本人，积极联系这本书的国内版权代理，积极联系出版社，积极宣传本书，希望更多的人获得这些能量，也可以说是他们对“高效能人士的七个习惯”这门课程的热情和信念促成了这门课程的传播！

本书的出版还要感谢我所在的中国移动公司，这是一个处于风口浪尖的公司。它所在的行业日新月异，它所引领的信息化浪潮正在渗透到我们工作生活的方方面面，靠着全国人民的支持和全体移动人的努力，它已经跻身《财富》世界500强第53位。

正是基于这个舞台，“高效能人士的七个习惯”这门课程所传达的道理才能与最轰轰烈烈的实践相结合，才能产生出最动人的故事，给大家以震撼和能量。当然还要感谢广东移动培训学院和我的讲师朋友们、学员朋友们和我的同事们，是与他们在一起的实践促成了这本书的诞生！

我们还结合时代的特点，在书中插入了漫画和思维导图，使得本书更加图文并茂，更加易于一目了然地抓住重点。这要感谢东莞天成动漫有限公司和第二作者古灵老师的优秀的女儿胡晓妍。

当然，还要感谢我的家庭——我的父母、太太和儿子。在此期间，是他们承担了更多的家务，给我一个个宁静的夜晚，让我挑灯夜战，奋笔疾书，享受这种心灵对话所带来的平和和激动，让我更具能量。太太更是我的第一读者，即使是在自己硕士论文答辩期间，即使是在孕育我们的儿子期间，她也不忘给我提出很多有用的建议。可以说我们的儿子在未出世之前就已经在接受“高效能人士的七个习惯”这门课程的能量了。所以，当上帝把这个宝贝赐予我们的时候，当我们要给这个小家伙起名字的时候，当大家意见极难统一之时，我们全家几乎一致同意我提出的以史伟德泽（思、为、得、则）作为他的名字的建议，希望他能成为一个有思想、有作为、有成就、守原则的人，成为一个能想事、做事、成事的人，当然，更希望他能够“阳春布德泽，万物生光辉”，能把这种能量传递给更多的人！

《人生七彩虹》，愿每个读者的人生都绚丽多彩！